まちで生きる、まちが変わる

つくば自立生活センター
ほにゃらの挑戦

柴田大輔

夕書房

はじめに

「つくばけんきゅうがくえんとし！」

一九八五年、五歳だった僕の通う茨城県土浦市の幼稚園では、こんな早口言葉が流行った。隣接する現在のつくば市で通称「つくば科学万博」が開幕し、地元一帯は大いに盛り上がっていた。僕自身、万博には何度も通い、初めて目にするリニアモーターカーや二足歩行ロボット、味はイマイチだけど未知の世界を感じる宇宙食に夢中になった。あの頃、誰もがマスコット「コスモ星丸」グッズを持っていたし、夏祭りでは五木ひろしが歌う記念歌「科学万博音頭」に合わせて踊ったものだった。

半年で約二〇〇〇万人が訪れたこの科学万博は、一九六〇年代後半から国家プロジェクトとして建設が始まった「筑波研究学園都市」を「科学のまち・つくば」として広く世に印象づけた。幼い僕にとっても、つくばは「最先端」を象徴する憧れのまちだった。

あれから四〇年。今もつくばは、官民多数の研究機関が集まる世界的な科学技術拠点都市であり、都内へのアクセスが向上した近年は、自然と教育環境に恵まれた「子育てのまち」「とかいなか（都会・田舎）」としても人気を博している。全国的に人口減少が進む中で、二〇二三年には人口増加率一位を記録した。市内中心部では、役目を終えた公務員宿舎などが次々とマンションや一戸建て住宅へと建て替えられている。

こうしためざましい科学的・経済的「発展」を遂げた実験都市つくばの中心において、同時代にまったく異なる価値観で、世界基準の「発展」が進んでいたことは、あまり知られていない。

その「もう一つの発展」とは、誰もが暮らしたいまちで自分らしく生活できるインクルーシブなまちづくり。その新たなまちづくりの道を切り拓いてきたのが、重度身体障害者による当事者団体「つくば自立生活センター ほにゃら」である。

「自立生活」とは、障害の重さにかかわらず、いつ、どこで、誰と、何をするのかを、日々、自分で決めて生活すること。そんな人として当たり前の生活を実現させるために、障害者自身が代表を務め、当事者目線でサポートするのが、自立生活センターだ。「ほにゃら」を先頭で引っ張る事務局長の斉藤新吾さんと代表の川島映利奈さんにも、二四時間の介助を必要とする重度の身体障害がある。自立生活センターは現在、全国に約一一〇団体があり、二〇〇一年につくばで設立された「ほにゃら」もその一つだ。

つくばでは、研究学園都市の建設以来、筑波山麓で地域社会を築いてきた「旧・住民」と、科学者を中心とした研究学園都市への移住組による「新・住民」が出会い、他にはない独特の文脈が育まれてきた。そうしたまちの成り立ちは、本書の主題である障害のある人たちの歩みにも影響を与えた。学園都市特有の土壌が障害のある若者や支援者たちの間に化学変化をもたらし、「インクルーシブ社会」という、別文脈の新しいまちづくりを可能にしたのである。

ひょんなことから「ほにゃら」にかかわるようになった僕は、かれらの集団としてのエネルギーと一人ひとりの物語に惹きつけられ、五年の歳月を共にしてきた。

「障害者はできないことが多い」と漠然と思っていた。しかし、かれらをめぐる旅を通して理解したのは、それが大きな誤解であり、僕自身が「ほにゃら」が変化させたまちの恩恵を受けて日々を過ごしていたということ。そして、主体的に生きることがいかに創造的で、人生を豊かにするものかということだ。

七〇年代に国が築いた先端科学のまちつくばの片隅で、二一世紀的価値観による「発展」が、障害のある人たちの手によって草の根でもたらされてきた。本書が描くのは、生活に密着したまちかどで繰り広げられてきた、情熱とユーモアと、愛に満ちた二〇年の軌跡の物語であり、このまちのもう一つの実験の成果である。

目次

1
旅のはじまり

カッキーン！

栗畑の向かいにあるバッティングセンターから、金属バットの快音が聞こえてくる。

ここは、つくば市中心地域の天久保地区だ。「栓抜き塔」と呼ばれ、地域のシンボルとして親しまれている松見公園の展望台からは、北に筑波山、足元に学園地区の近代的なまち並みという、つくばが抱く二つの景色を一度に見渡すことができる。

筑波研究学園都市は一九六〇年代末、東京に集中していた国の研究機関を地方に分散させ、高水準の研究と教育を行うことを目的に、国が建設を主導した人工のまちである。建築家の磯崎新による「つくばセンタービル」[*1]や東京教育大学を母体に新設された筑波大学を中心に、当時としては最先端の都市計画によって作られた実験都市でもある。

二〇〇五年に首都圏新都市鉄道「つくばエクスプレス（TX）」[*2]が開通すると、都心のベッドタウンとしての沿線開発がスタート。今も宅地開発が進み、一〇年には新規開発された研究学園地区に市役所が移るなど、つくば市の地図は大きく変わりつつある。そんなざわつく市内の一角で、天久保地区は頑固に初期の学園都市の面影を残している。

轟音をたて、整地工事にいそしむブルドーザーを横目に交通量の多い大通りを一本入ると、緑豊かな筑波大学の敷地が目に入る。周囲は碁盤の目に整地され、広い空の下に、自転車があふれる学生向けのアパートが立ち並ぶ。「富士カラー」の看板を掲げる昔ながらの写真店、こだわりの書籍を扱う書店、若い店主のＤＩＹによるレコード店、鮮度と価格を追求する青果店など、個性的な個人店も多い。「有楽町」「歌舞伎町」「すすきの」といった各地の歓楽街の名を冠した昔ながらのテナントビルが並ぶ一角は、夜になると怪しくも寂しげな光を滲ませる。

「つくば自立生活センター　ほにゃら」の事務所は、この天久保地区の南東部、四階建てマンションの一階にある。以前は個人酒店の入っていた広いワンルームだ。通りに面した壁はガラス張りで、外にはオレンジ色や水色のポップなベンチといくつもの鉢植えが並んで置かれている。目の前は駐車場なので、中の様子は外からも窺える。

扉を開けて中に入ると、「あ、シバタさん、お疲れっす」と、介助職員・竜聖人さんの明るい声が飛んできた。

広い室内の中央に置かれた大きめのテーブルは休憩スペースになっていて、スマートフォンでSNSをチェックしていた竜さんの他にも介助者が一人、静かに座ってお茶を片手に本を広げている。入り口のすぐ前がリラックスゾーンだから、外から来た人も入りやすい。

入って右手が主に仕事用のスペース。壁際に並ぶデスクと、その手前にある五つのデスクの「島」でメンバー数人が作業中だ。車椅子に乗る人もいれば、そうでない人もいる。室内の通路は広くとられ、壁やパーテーションはいっさいない。部屋の端から端まで見渡せる開放感は、誰をも受け入れるほにゃらの間口の広さを表しているようだ。

「竜くん、ちょっといい？」と、声がした。デスクでパソコンに向かっていた事務局長の斉藤新吾さんである。竜さんは、見ていたスマホをポケットにしまうとすぐに歩み寄り、斉藤さんの車椅子の背にかかるリュックから書類を取り出した。くつろいでいたかに見えた介助者たちは、仕事中だったのだ。

障害のある人も、ない人も、それぞれの仕事に向き合いながら、同じ空間に自然にいることができる。事務所に漂う明るくのんびり、フラットな居心地のよい空気は、ほにゃらという団体自体の特長でもあると思う。

シェアハウスで障害者福祉と出会う

ほにゃらについて語る前に、まずは僕がなぜほにゃらを追うことになったのか、その経緯を話したい。

僕は、二〇代の初めに始めた写真と旅に夢中になって以来、都内を拠点に写真の撮影やニュース記事の執筆、運送会社などでのアルバイトを掛け持ちしては資金を貯めて、国外旅行を繰り返していた。その中で出会ったのが、中南米の人たちだ。明け透けで、情の深い人々とかれらの住む地域に魅せられ、以来、ライフワークとして特にコロンビアに通い続けている。

そんな暮らしの中で僕は偶然、大田区の下町で知的障害のある人たちの日常生活を支援する「ＮＰＯ法人 風雷社中」代表の中村和利さんと知り合う。二〇一五年のことだ。中村さんは、伸び放題の金髪にスカジャンという、およそ福祉職員のイメージとかけ離れた強面の外見で、ホッピー片手に「この仕事はめちゃくちゃ面白いんだよ」と「障害」「福祉」を熱く語る魅力的な人だった。重い知的障害のある青年が、親元を離れて生活していくための居場所として、小さなイベントスペースを備えたシェアハウスを運営し始めたところだという。

その頃の僕は、二年弱を過ごしたコロンビアから帰国したばかり。まもなく月三万円の上野近くのシェアハウスに入居し、荒んだ生活をしていた。

そこは、マンション一室の六畳間。二段ベッド三つに、六人の男が暮らしていた。毎晩、自分のベッドでゲームをしながら、匂いも気にせず納豆飯を食べる二〇代の若者、四国から上京したばかりで求人雑誌と向き合い面接の予約をとり続ける人、「川越でクロフク（水商売）している」といって毎朝泥酔して帰ってくる人、空の弁当箱で埋まったベッドで暮らす初老の人、結局一度も顔を合わせることがなかったもう一人、そして僕だ。互いを深く詮索しないのが暗黙のルールで、会話はほとんどない。それまでも、南米への渡航費を稼ぐために風呂なし安アパートに暮らしてはいたが、ここまで荒んだ暮らしをしたことはなかった。焦燥感を覚えた僕は、一刻も早くこの世界を抜け出すことだけを目的に、とりあえずの気持ちで始めた深夜バイトの倉庫作業に勤しみながら、日々、時間を消費していた。

そんな生活を続けて三か月目の大晦日、友人が「一緒にすき焼きを食べよう」と誘ってくれた。一人で新年を迎えようとしていたところに差し込んだ一筋の光に大喜びした僕は、指定された会場へと向かった。この会場というのが、中村さんたちが営むシェアハウスだった。

築五〇年の木造三階建ての民家。一二畳ほどの一階部分をイベントスペースとし、二階と三階に一人ずつが住めるようになっていた。その晩、肉を食い、酒を飲みながら楽しく時間を過ごす中で、中村さんから不意に声をかけられた。「ここ、安く住めるけど、どう?」。上野のシェアハウスに疲れ切っていた僕はその一言に飛びつき、二つ返事で転がり込んだのである。これが僕にとっての障害者福祉との出会いとなった。

そこでの暮らしは、まるで学生時代の合宿のようだった。

一階では、福祉関係者に限らず、僧侶や刺青の彫り師など、多分野の専門家に話を聞く会や、ギター演奏をバックに好きな歌を歌う会、ひたすら酒を飲むだけの会、落語会に占いの日など、多種多様な企画が定期的に開かれた。出入りするのは障害のある人、ない人、さまざまだ。

障害のある青年のもとに来る、背景の異なるヘルパーさんたちとの出会いも魅力的だった。キックボクサー、神主の資格を持つ人、現役のバンドマンなど、それまで接点のなかった人たちから日々刺激を受けた。大晦日には、見上げるほどの体躯にスキンヘッドの元料理人「テツさん」が青年のために作った年越し蕎麦やお節のお裾分けをもらい、一緒に年を越した。僕を含め、紆余曲折を経てこの場所に行き着いた大人たちと過ごす日々は楽しく、瞬く間に毎日が過ぎていった。

このシェアハウスに引っ越して始めたのが、ガイドヘルプだ。一人では外出できない知的障害のある人に付き添い、歩行の介助や誘導をする支援活動である。撮影や執筆仕事の合間に資格を取ってガイドヘルプに携わり、写真撮影を通じて事業所の広報活動も手伝った。これが、僕にとって介助の仕事の奥深さを知る機会となった。

支援を受ける人たちには、自分の意思を言葉で表せない人も多かった。笑顔が絶えないときがある一方で、突然、感情を爆発させることもある。ヘルパーは、その揺らぐ感情の理由を、かれらの性格を踏まえて想像する。あのとき暑いと感じていたのに、うまく服を脱げなかったのかな？　喉が渇いたのにすぐ水筒を取り出せなかったのかな？　まちで不快な音に出会ったのかな？　……考えうる、あらゆる要因を複合的に加味しながら、言葉で気持ちを伝えられない人の心をひたすら知ろうとするのだ。そこで辿り着いた理解は正しいことも、ズレていることもある。しかし、何より大切なのは、今、目の前にいるこの人を知ろうとする営みを諦めないことだという。僕は、その姿勢に畏怖の念を覚えるとともに、もし自分にここまで関心を寄せてくれる人がいるとしたら、それはなんて幸せなことだろうと思った。

僕が出会った介助者たちは、必ずしも直線的な人生を歩んできた人ばかりではなかった。どこかに弱さを抱え、優しさととげとげしさを併せ持つ人もいた。僕は活動に参加することで、そんな介助者たちに自分を重ね合わせ、かれらの中に自分の存在できる隙間を見出していった。こうしてシェアハウスにかかわる人たちに気持ちよく巻き込まれる日々の中で、「障害」や「福祉」に関心を持ち始めたのだった。

その後、二〇一八年に僕は結婚、茨城に戻ることになった。中村さんに伝えると、「シバタくん、つくばに面白い団体があるから、行ってみるといいよ」と教えてくれた。それが「つくば自立センター　ほにゃら」だった。シェアハウスでの思い出に後ろ髪を引かれ、故郷に戻っても何かの形で「障害」の分野にかかわりたいと思っていた僕は、さっそくほにゃらの事務所を訪ねることにした。

地元に居場所を作りたい――運動会で、ほにゃらにハマる

コロナ前、ほにゃらは毎月のように、地域向けのイベントを開催していた。福祉に関する映画の上映や、障害分野の講演会といった専門的なものだけでなく、子どもや大人が遊べる企画が多かった。興味のある企画に足を運ぶうちに、僕はほにゃらのスタッフらと親しくなり、頼まれるままにカメラマンとして活動にかかわるようになっていく。中でも忘れられないのが、二〇一八年一〇月に開催された「運動会」だ。

筑波大学の体育館を借り切って行われたその運動会では、六〇人ほどの大人や子どもが会場を駆け回っていた。参加者は、年齢も属性もさまざまだ。車椅子に乗る人もいれば、見た目ではわからない障害のある人も、障害のない人もいた。

事前にみんなで作ったというプログラムは、障害の有無にかかわらず、どうしたら全員が一緒に楽しめるか考え込まれた競技ばかりだった。

参加者全員が車椅子に乗って行うかけっこは「歩けない」ことが、発射台からボールを飛ばして飛距離を競うボール投げは「手を使って投げられない」ことがハンデにならないよう工夫されたものだ。パン食い競争では、身長の高低や車椅子の有無による目線の高さがハンデにならないよう、長さの違うひもにパンが吊るされている。

初めて接する「誰もが一緒に楽しめる」の実践に新鮮な驚きを覚えたが、より興奮したのは参加者たちの熱量だ。車椅子からひっくり返りそうになりながらパンと格闘する男性や、その姿にお腹を抱えて笑いころげる子どもたちの姿から目が離せない。

脳性麻痺によって手足や言語に障害がある女性によるクイズコーナーにも、度肝を抜かれた。「好きなアニメはなんですか？」との少年の質問に、女性は麻痺のある手で拡声器を口に近づけ、「名探偵コナン」と答えるのだが、麻痺のせいではっきりとは聞き取れない。一瞬、「これは聞き取れない僕が悪いのだろうか」と不安になったが、「聞き取りにくい」のがこのゲームのミソなのだった。答えがわかった人は、数十メートル先に立つポールに向けてダッシュする。ポールを掴んだ順に回答権が得られる、という仕組みらしい。息を切らしてポールを奪い合う子どもたちのトンチンカンな回答に、出題者の女性自身が大笑いしている。

「障害のある人もない人も楽しめる、インクルーシブな運動会」。そう聞いて参加した僕は、もっと「お上品」なものをイメージしていたのだと思う。目の前で繰り広げられるはちゃめちゃに楽しい光景に、最初こそ「こんなことしちゃっていいの?」とハラハラしたが、いつの間にか前のめりになってシャッターを切り続けていた。

この年は運動会のほかにも、クリスマスパーティーや餅つき大会、障害者の権利をアピールするパレードが行われた。

パレードでは、カラフルな衣装を着た当事者たちが、「障害があっても普通学校に行きたい」とか「今の制度じゃ(障害者は)働けません」など、各自が直面している困りごとを書いたプラカードを手にコールしながら、つくば市の中心部を行進した。明るいリズムに乗せて唱えられるかれらのコールを聞きながら、障害のある人たちがどんな問題を抱えているのか、僕は初めて認識した気がする。

「ほにゃら」という、口にするだけでほっと気持ちがなごむ柔らかな響きと、積極的に地域を巻き込みながら活動するかれらのエネルギー。相反するようでいて、そのどちらもがほにゃらそのものだと思った。この独特の魅力はどこからくるのだろう。出入りすればするほど、ほにゃらや自立生活のことをもっと知りたいという気持ちが募っていく。ほにゃらのエネルギーに巻き込まれ、僕はいつしか、呼ばれもしないイベントにもカメラを持って顔を出すようになっていった。

「ここかもしれない」と僕は思った。大田区のシェアハウスのような密な関係ではないが、ここでなら自分の居場所を作ることができるのではないか。これまで一度も就職をしたことのない僕には、いつもこの社会に身の置き場のない所在なさがある。その中で頼りにするのが、カメラだ。カメラを通じて人や場所と本気で向き合うと、そこに自分がいられるわずかな隙間が生まれることがある。そんな関係、自分の居場所を茨城で作りたい。取材対象としてだけではない。自分が理解したいと思える人たちとかかわることで、僕だからこそ生み出せる何かがあるかもしれない。

あわい期待を抱いた僕は、こうして出会ったばかりのほにゃらに接近していくことになる。そしてその大きなチャンスは、コロナ禍で訪れたのである。

介助アルバイトへ

二〇二〇年、新型コロナウイルスの感染が拡大し、世界はあっという間にパンデミックに飲み込まれ、僕の仕事はぱったりなくなった。

フリーランスのライターやカメラマンとして食いつないでいた僕にとって、コロナの打撃は大きかった。前年には交通事故で怪我を負い、数か月間まともに働けない時期を経験していた。やっと動けるようになり、これから頑張るぞ、と意気込んでいた矢先のことで、気持ちは相当に落ち込んだ。

　そんなある日、ほにゃらの事務所で事務局長の斉藤新吾さんと会う機会があった。

　斉藤さんはコロナ前から、「シバタさん、最近仕事どうしてんの?」とか「好きなことばっかりやって奥さんに怒られてない?」と、何かと僕の身の上を心配してくれていて、僕はそのたびに、「まぁ、なんとかやってます」と、あやふやな返事を返していた。そうしたやりとりが頭に残っていた僕は、その日の帰り際、ムシがいいとは思いつつも、思い切って聞いてみた。

「斉藤さん、ほにゃらでバイトさせてもらえないでしょうか。実は仕事が減っちゃって……」

「ほら、言ったこっちゃない」、そんなふうに言われたらどうしようという気恥ずかしさもあったが、オドオドする僕の様子を察してか、斉藤さんはからりとこう言った。

「いいっすよ。いちおう履歴書持ってきてください。研修もあるので、あとで連絡しますね」

　拍子抜けするほどあっさりした返事に沈んでいた気持ちは楽になった。これから新しいことが始められるのだ。ほにゃらにまた一歩近づけるのではないか、という期待も相まって、胸が膨らむのを感じた。

　実は以前から、東京で経験した支援活動とはまた違う、日常生活をサポートする介助ヘルパー[*3]にも興味を持っていた。以前、別の事業所で自立生活する障害当事者とその支援者の取材記事を書いた際に、支援者のある男性から、こう言われていたのだ。

「シバタさん。自立生活を知りたいなら、まず、介助をやってみることですよ」

今がそのチャンスだ、そう思った。

こうして僕は、二〇二〇年の冬からほにゃらでアルバイトをすることになった。

仕事は、毎週火曜日の夜九時から翌朝九時までの斉藤さんの介助と、毎週木曜日、別のお宅で夕方五時から夜の一〇時まで、夕飯の支度や洗濯、入浴やトイレなどをサポートすること。

先輩介助者について数回の研修を経て入った初めての一人現場は、斉藤さんの介助だった。斉藤さんは進行性の難病により手足の筋力が弱いため、自力での歩行はできず移動には車椅子を利用し、炊事、洗濯、食事など、日常生活の大部分で介助を必要としている。

取材先で言われた一言が念頭にあった僕は、初日からはりきっていた。夜九時前に自宅を訪ね、先に入っていた介助者と交代する。斉藤さんは、自室でパソコンに向かったり読書をしたりと、自分の時間を過ごしている。介助者の僕は、呼ばれたらすぐに行けるように隣のリビングで待機する。待っている間は、持参した本を読んでもいいし、スマホでニュースを見ていてもいい。常識的な範囲で自由に過ごせる。緊張しながら待っていると、しばらくして、斉藤さんの声がした。

「シバタさーん。風呂入るよ」

いよいよ初仕事である。勢い込んで「はい！」と返事をし、隣室に向かう。

斉藤さんがハンガーに視線を送り、「青いタオルと、黄色いバスタオル」と言う。僕はそれらを手に取り、車椅子が通れるよう扉を開ける。

お風呂の前に、トイレである。トイレの扉を開け、僕が先に中に入る。備え付けの介助リフトで車椅子から便座へと斉藤さんの身体を移動させるのだ。研修で学んではいたものの、一つ間違えば大怪我につながる作業だ。緊張から脇の下を冷たい汗が落ちる。斉藤さんが両腕を少し上げたのを合図に、胸周りにベルトを巻く。膝下にもベルトを通し、身体を抱えながらリフトとつなぐ。リモコンを使って車椅子から身体を持ち上げ、壁にぶつからないよう気をつけながら便座へと移動させ、ゆっくり下ろす。車椅子に戻るときは、その逆の手順である。ベルトの止め方が甘く、移動の途中で滑り落ちそうになってしまった。一旦便座に座り直してもらい、ベルトを締め直す。毎日何度も繰り返す動作だからこそ、ストレスをかけないようスムーズに、素早くやることが大切だ。研修で何度も言われていたけれど、実際に現場に入ってみると、体がついていかない。

トイレが終わると、次は入浴である。浴室の入り口に車椅子を止める。「メガネ」と言う斉藤さんの顔からメガネを外し、入り口横の机に置く。斉藤さんが車椅子に座ったまま体を前に倒したら、着ているTシャツを脱ぐ合図。背中からシャツを捲り上げ、首を通して両腕を抜く。斉藤さんが差し出す足の順に靴下を脱がせる。ここで、介助リフトが再登場。浴室にも備え付けられているので、トイレと同様の手順で使い、浴室内の椅子に斉藤さんを移動させる。身体、髪、顔……と、斉藤さんが指示する通りの順番と方法で洗っていく。入浴が済むと、体を拭いて、逆の手順で服を着る。何度やってもTシャツを前後逆に着せてしまう。緊張しているせいか混乱して、脱いだり着たりを繰り返してしまった。

部屋に戻ると、ドライヤーである。

「上、もみあげ、耳のうしろ、前」

指示される部分に風を当てていく。それが終わると、あとやるのは、いわゆる家事だ。

日中の介助に比べれば、夜間やることは多くない。指示に従い食器を洗う、乾いた洗濯物を畳んでタンスにしまう、皿を拭いて食器棚に重ねる、汚れたテーブルを拭くなど、誰もが自宅でやっていることの応用でしかない。それなのにうまくいかない。指示通りにやっているつもりなのだが、食器に汚れが残ったまま片付けようとしたり、服がシワになる畳み方をしたり、台拭きと皿拭きが別であることを知らずに拭いてしまったり……。一人暮らしが長かったので家事はできる気がしていたが、自分のあまりのいい加減さに自信を失いそうになる。

「シバタさん、全然ダメじゃないっすか……」

斉藤さんのため息混じりの指摘が痛かった。

家に帰って妻に「今日は叱られてしまった……」とこぼすと、「長男、一人っ子。そんなあなたの後始末を、これまで誰がしてきたのかよくわかったでしょ」と厳しい一言が飛んできた。ぐうの音も出ない。言葉を詰まらせながら僕は、「ヘルパーをやってみることですよ」と教えてくれた方の、別の言葉を思い出していた。

「僕はそれまで、自分で洗濯したこともなかったし、お金の管理も曖昧だった。障害者の自立生活をサポートすることで、自分自身も自立できていったんですよね」

あのときは他人事のように聞いていたが、今はしみじみと身にしみる。

「まずは自分が『自立』しなければ」

そう気を引き締めて、まずは自宅での実践を試みた。服をシワにならないように畳み、食器はすぐに洗って、小さな皿から順に水切りラックに並べる。台拭きと皿拭きを間違えないよう気をつける……しかし、二日続いたと思うと、三日目にはもう忘れている。その都度、「ダメだ、ダメだ」と気合を入れ直した。最初のうち苦戦したが、毎週バイトに向かううち、仕事はどうにかこなせるようになった。

僕はこうしてコロナがきっかけで、斉藤さんと毎週顔を合わせるようになった。ご縁とは不思議なものだ。介助のバイトを始めた僕が、その一年半後、ほにゃらをテーマに写真展をやることになるのだから。

自立生活が広げる「出会い」を撮ろう

ほにゃらが二〇二一年五月で設立二〇周年を迎えると知ったのは、バイトを始めて三か月が経つ頃だった。かれらのことだ、何か面白いことをやるに違いないと、心が躍った。

そこで、お祝いの企画はあるのかと斉藤さんに聞いてみるが、「コロナ禍だし、今年はあまり考えてないなあ。二三年目とかにやるのもほにゃらっぽいし」と、はぐらかされてしまう。うーん、そうか。でもせっかくの機会だし何か協力したい。取材者魂に火がついた僕は、写真展はどうだろう、と思いつく。これまでに撮ったイベントの写真もある。これからもう少しかれらの活動を追いかければ、僕自身がほにゃらをより深く知るきっかけにもなって、一石二鳥じゃないか。

この思いつきに昂《たかぶ》る気持ちを抑えつつ、斉藤さんの介助時間中に「時間はあるので、場所も探しますよ」などとやりとりを重ね、秋頃の開催を目指すことで了解を得た。

内容は、ほにゃらの日々に密着したものを考えていると伝えると、斉藤さんは「それじゃつまらないでしょ」と言う。「どうせなら、ほにゃら以外の人も巻き込みたいよね。そのほうがいろんな人にほにゃらを知ってもらえるし、会場にもたくさん人が来てくれるんじゃない？」

そこで出てきたアイディアが、「自立生活を始めてまちで出会った人たちの写真」を展示すること、だった。

障害が重い人ほど、施設や家族内での暮らしが中心になり、出会いの機会が限られる。それが「自立生活」をすると、まちで暮らしている人と同様の「出会い」が当たり前に訪れるようになる。これも、ほにゃらの大きな存在意義だというのだ。

まちで暮らすことで、どんな出会いがあるのだろう？　ほにゃらのメンバーに聞いてみると、こんな答えが返ってきた。

日々の暮らしをサポートする健常者スタッフとの出会いが、まずある。そして、障害のあるメンバー同士の出会い、活動を共にする地域の人たちや仲間などとの出会いもある。さらには、行きつけの美容室や食材店で、定期的に顔を合わせて挨拶を交わす人。何気なく立ち寄る近所のコンビニの店員や、職場と自宅の行き来でよくすれ違う地元の人……。お互い名前は知らないけれど、なんとなく「知っている」人たち。こうした人たちこそが、狭い世界にいるときにはなかった大きな出会いだというのだ。

濃淡のある多様な出会いを経験できるということ。健常者の僕があまりにも当たり前で見過ごしていたそうした小さな「出会い」によって日々、広がっていく「暮らし」――それこそがほにゃらが可能にする「自立生活」の醍醐味の一つなのだった。

それなら、みんながまちで出会ってきた人たちを僕も訪ねてみよう。そうすることで、僕自身がかれらの「自立生活」を追体験できるのではないか。そう考えて撮影を始め、半年間で約六〇人を訪ねることになった。それは僕にとって、新しい世界を知る旅の第一歩でもあった。

幼い頃はよく天久保の松見公園で親と遊んだし、高校時代には自転車でつくばへ買い物にも来ていたから、なんとなくこの地域のことを知っているつもりだった。しかし、ほにゃらのメンバーと回る天久保やつくばのまちは、知らないことだらけ、まるで別世界だった。

中でも驚いたのが、障害のある人が暮らすことで変化する、天久保の様子だ。

例えば、自立生活をする鶴岡伸也さんが通う美容室では、彼が店を訪れると、美容師たちは「さも当然」というように、大型の電動車椅子が通りやすいよう動線を確保し、車椅子のまま鏡の前でカットできるよう、座席を移動してくれる。

斉藤さんがよく行くコンビニの店長は、車椅子の人が店に入っても特別なことをするわけではない。しかしよく来る客として認識しているので、どんな人でも「普通」のお客さんとして接し、何かあればサポートするのが当たり前、というスタンスが身についている。

ほにゃらの最年長メンバーで脳性麻痺のある佐藤美咲子さんは、茨城が誇るご当地ファミレス「ばんどう太郎」名物の「味噌煮込みうどん」が大好きだ。チェーン店ながら、ほにゃら近くの店舗では、美咲子さんが持参する自前の鍋に、具材を入れて調理してくれる。コロナでテイクアウトサービスが定着する以前からのことだ。

一見、変化の少ないように見えていた天久保は、見るからに「発展」するまちとは別の形の変化を遂げていた。ほにゃらを基点にすることで見える風景に気づいた僕は、何か大きなものを見つけたような高揚感に包まれるのを感じた。これが世界最先端の暮らしだということに気づくのは、もっと先のことだが。

新たな「旅」のはじまり

こうして半年間の「旅」を終えた二〇二一年一〇月、つくば市の中心にあるつくば市民ギャラリーで、僕は写真展「ほにゃら」を開催した。

小さな子どもから七〇代の高齢者まで、職業や性別、障害の有無もさまざまな六〇人あまりの写真を会場の壁に並べた。斉藤さんをはじめ、ほにゃらメンバーの写真ももちろんある。背景に映るまち並みを含めて眺めながら、「僕たちが暮らしているのは、こんなまちだったんだ」と改めて実感した。

写真展には斉藤さんがこんな一文を寄せてくれた。

「ほにゃら」さん

「ほにゃらら」という、伏字を読むときに使う言葉から「ら」をひとつ抜いた「ほにゃら」を私たちを表す固有名詞としてから二〇年が経ちました。「ほにゃら」という何も意味をなさない、ふにゃっとして脱力をイメージする文字が、いまは周りから「ほにゃらさん」と呼ばれていいます。イントネーションもその人で違うときもあり、それも面白いです。

一度は、名称を変更しようと臨時総会まで招集しましたが、ひとりの女子大生から「ほにゃらという名前だから来ました」と告白され、ほにゃらは私たちを示す固有名詞として今も使用し続けられています。

二〇年歩んできた中で、意味がない単語に意味づけをして来たのかと思うとなんとも摩訶不思議な体験をしてきました。

想像するに「ほにゃら」という端から見るとよく分からない単語が会話で行き交っている地域は日本ではつくばが突出しているのではないかと思います。

「ほにゃら」という単語が発せられる度に、地図上に地震発生地点のように表示されたらつくばはよく光っているだろうとおもうと、なんかちょっとニヤニヤしちゃいます。

捉えどころのない斉藤さんらしい文章に、ほにゃらへの想いが滲み出ていた。

写真展の旅を通じて僕が触れたのは、「ほにゃら」でつながる人たちのごく一部にすぎない。僕はもっと知りたいと思った。いったい、ほにゃらとはどんな人たちの集まりなのだろう。かれらはどんな道を歩み、どこへ行こうとしているのだろう。その営みには、誰もが暮らしやすいまちづくりや、自分らしく生きることへのヒントが隠れているのではないか。

こうして僕は、メンバーの人たちへのインタビューを通して、ほにゃらをさらに旅することにしたのである。

［注］

＊1……**つくばセンタービル**　筑波研究学園都市センター地区の中核施設として一九八三年にオープン。商業施設、音楽ホール、ホテルの機能を持つ複合施設。建築家・磯崎新氏によるポスト・モダン建築の代表作とされている。

＊2……**つくばエクスプレス（TX）**　二〇〇五年八月二四日に運行を開始。秋葉原からつくば間五八・三キロメートルを、最速四五分で結ぶ。それ以前は、つくば市中心から東京駅を結ぶ高速バスの所要時間は平均一〇〇分程度であったのが大幅に短縮された。二三年六月には、五〇年を目指して土浦方面への延伸が決まった。

＊3……**介助ヘルパー**　利用者が在宅で基本的な生活を続けられるように、食事や入浴、排泄、着替えなどをサポートする職業。自立生活センターでは、より当事者の意思を尊重するよう研修が行われる。

2

自分たちの手でまちを作る

斉藤新吾さん

その日は週に一度の、斉藤新吾さんの夜間介助に入る日だった。

連日、気温が三五度を超えていた二〇二三年八月中旬、夜九時からの勤務に備えて自宅で準備をしていると、斉藤さんからメッセージが届いた。

「今日は、つくばセンターのコンビニに来てもらえますか?」

介助の日は斉藤さんの自宅に直接向かうことが多いが、その日の斉藤さんの予定によっては引き継ぎ場所が外になることもある。八時五〇分につくばセンター広場に着くと、四〇脚ほどの椅子とテーブルが並ぶ屋外の自由スペース「ソトカフェ」にいた斉藤さんがこちらに気づき、手を振ってくれた。

テーブルを囲んでいたのは、斉藤さんと、ほにゃらの創設期から活動にかかわる大坪洋人さん、数年前から自立生活をスタートさせた二〇代の木村咲太さんと鶴岡伸也さん、それに彼らの介助者たちだった。テーブルにはビールや酎ハイの空き缶が並んでいる。自立生活をする四人は皆、ほにゃら事務所の徒歩圏内に暮らすご近所さん同士。お盆を前に、暑気払いをしているのだという。周囲では、学生風の若者たちやアジア出身と思しき男女のグループがそれぞれ夏の夜を楽しんでいる。

僕は一時期、鶴岡さんの介助にも入っていたことがある。鶴岡さんは鉄道写真の撮影が趣味で、僕も何度か撮影に同行し、その様子を取材させてもらっていた。

鶴岡さんの撮影は、周到な事前準備から始まる。さまざまな資料から撮影スポットを見つけ出し、まずは車椅子で辿りつけるかどうか、道路の状況や地形などをグーグルアースで入念にリサーチする。それから時刻表と照らし合わせて、理想の日差しが差す時間帯や、周囲の草木が見頃を迎える時期を計算し、旅程を練っていく。車椅子での下見は負担が大きいため、道具と知識を駆使して計画を立てるのだ。僕は偉そうに「こんなに準備にこだわれるなんて、プロ顔負けだよ」と声をかけつつ、鶴岡さんのネット使いの見事さに感心し、こっそり参考にしていた。

斉藤さんの介助のために来た僕だったが、ほろ酔いの鶴岡さんが最近の撮影の様子や新しい撮影スポットの話を楽しそうに話すのを聞きながら、たけなわとなった宴会の輪に少しだけ加わらせてもらった。

一人暮らしを謳歌する鶴岡さんや木村さんは現在二〇代。かれらの自立生活への道は、実は子ども時代に始まっている。

きっかけとなったのが、「ほにゃらキッズ」[*1]という企画である。地域に暮らす就学前後から一八歳くらいまでの障害のある子どもたちが、将来自立生活を送れるよう、家族ぐるみでさまざまな体験をしていく取り組みだ。二〇〇三年、ほにゃらの活動に賛同する保護者らの発案で始まり、将来を見据えて二〇年以上もの間、続けられてきた。

ほにゃらキッズに参加する子どもたちは、介助者の付き添いを得てカラオケやバーベキューをしたり、買い物に出かけたり、料理をしたりと、新しいことにチャレンジしていく。そこで自分は何が好きで、どんな暮らしが合っていて、どうすればそれを実現できるのかを、失敗を重ねながら自ら考えていくのだ。また、スタッフは保護者に必要な制度などの情報を提供し、つくば市内で暮らす障害のある人とその家族のネットワークを育んでいく。

こうした実践と経験を積み重ね、二〇代に差し掛かった頃、実際に家族の元を離れて一人暮らしを始めたのが、木村さんと鶴岡さんたちなのである。

ほにゃらが時間をかけて進める障害者の自立生活。その背後には斉藤さんたちが抱く、「障害のある人がまちで暮らすことが一番、世の中を変えることになる」という信念がある。この夜、センター広場に広がっていたのも、ほにゃらの活動がなければ生まれることのなかった、つくばのまちの風景だ。好きな時間にまちに出て、友人たちと酒を飲む——健常者なら誰もが当たり前に経験していることだ。しかしそれは、施設などの人に管理された環境にいる障害者には決して手の届くことのない夢だったのだ。

じっとしていても汗が噴き出る真夏の夜。すっかりぬるくなった缶チューハイをうまそうに飲む鶴岡さんのうれしそうな横顔が、僕の胸に焼きついた。

個別支援とまちづくりと新たな出会いの創出と

「自立生活センターの役割とは何ですか?」と聞かれると、ほにゃらの事務局長を務める斉藤さんはまずこう答える。「障害のある個人の思いに沿った暮らしを支える『個別支援』だ」と。

ほにゃらでは「個人支援」として、以下の四点を行っている。[*2]

・当事者同士で悩みごとを聞き合う「ピアカウンセリング」
・自立生活を始めるにあたって必要な制度情報と技術を提供する「自立生活プログラム」
・日々の暮らしを支える介助者の派遣と移送サービス
・住宅情報の提供

自立生活センターの全国組織である「全国自立生活センター協議会（ＪＩＬ）[*3]」は、障害者が運営責任者に就き運営委員の過半数を占めることと、上記四点のうち二つ以上のサービスを実施することを、自立生活センターの要件に定めている。

次に斉藤さんが重視するのが、障害者が安心して暮らすための「まちづくり」である。

その活動は多岐にわたる。行政との交渉や制度づくり、パレードや専門家によるシンポジウムの開催といった障害への理解啓発活動、運動会やクリスマス会など、地域の子どもたちが障害の有無を問わずに交流できるイベント開催、「ほにゃらキッズ」のような障害のある子どもや家族の将来を見据えた取り組みも、活発に行っている。

そうした大きな活動の傍らで、斉藤さんは、遊び心のある取り組みも忘れない。その一つが、スタッフが青やオレンジのペンキで色を塗り、事務所の前に設置したベンチである。

ベンチができたことは、斉藤さんのSNSへの投稿で知っていた。そこには斉藤さんをはじめ、車椅子を利用する四人のメンバーが、ベンチに腰掛け微笑む写真が載っていた。なんだかかっこいいなと気になって、後日、ベンチを置いた理由を聞いてみた。すると斉藤さんは、「ベンチが一つあるだけで、通りがかった人がちょっと休める。それってなんかいいなと思ったんですよね」とうれしそうに答え、「実際に、ベンチを置いたことでまちの人との出会いが生まれている」と、こんな後日譚を教えてくれた。

ある夏の日、斉藤さんたちが事務所で仕事をしていると、突然、激しい雨音が聞こえてきた。外に目をやると、事務所の軒先で高齢の夫婦が雨宿りをしている。傘を持たずに突然の雨に遭遇したのだ。職員が声をかけ、事務所の中に入ってもらう。しばし世間話に花を咲かせたが、雨は降り続け、止む気配がない。ちょうど帰宅する職員がいたので、車で夫婦を自宅近くまで送ることになった。

「そのご夫婦は、そこにベンチがあったことで『雨が止むまで休んでもいいかな』と思ったそうなんです。これもちょっとしたまちの変化ですよね」と、斉藤さんはその日を振り返った。

まちの中にベンチが一つ増えただけで、人の動きが変わり、新しい出会いが生まれる。職員たちはその出会いを喜び、斉藤さんは自らの行為によって起きた一連の変化を俯瞰し、心から楽しんでいる。遊び心から生まれる人々の動きをそんなふうに受け取れば、日常はこんなにも豊かで創造的になるのか、と、僕は驚きを隠せなかった。世間では、寝そべれないようにベンチの真ん中に手すりをつけたり、座面を小さくするなどの、いわゆる「排除アート」が真っ盛りだ。斉藤さんの話をきくと、世界を変えるのは悪意ではなく、ユーモアなのだと感じる。

ほにゃらの活動目的の一つは、「どんなに重い障害があっても普通に生活し、誰もが安心して暮らせるまちをつくること」。そのためにも、障害のある人と地域の人たちの出会いは大切なのだと、斉藤さんは言う。

「僕はその仕掛けづくり自体が面白いと思っているんです」

さまざまな仕掛けを形にし、自分たちが暮らしやすいようまちの姿を変えていく「ほにゃら」。その中心にいる斉藤さんとはどんな人なのだろう。そして、ほにゃらとはどのようにして生まれ、現在のような活動に至ったのだろう。

「消去法」でつくばへ

斉藤新吾さんは、一九七五年生まれ。看護師の母親のもと、一人っ子として青森県弘前市で育った。自転車を乗り回すほど活発だった小学生時代に、進行性の難病を発症。中学からは実家を離れて寮生活を送りながら、青森市内の養護学校に通った。車椅子を使うようになったのは、高校生になってからだ。筑波大学への進学をきっかけに、青森から茨城県つくば市へやってくるのだが、それは「消去法」による進学だったという。

「高校を卒業しても施設には入りたくないし、就職も考えていなかった。親が働いている日中は自分の面倒をみる人がいないから、在宅で生活することはできませんよね。だから、大学に進学するしか選択肢はない。でも地元にバリアフリーの大学はなかったんですよ」

筑波大学が障害のある学生を受け入れていることは、中学時代に知っていた。担任の教師が紹介してくれた、筑波大出身の作家・松兼功氏による自伝的エッセイ『お酒はストローで、ラブレターは鼻で』を読んでいたからだ。松兼氏は脳性麻痺による障害の当事者として、自身の経験を元にした著書を多数発表している。『お酒はストローで〜』には、手足に自由の効かない自分の身体に向き合いながら、コンパに参加しお酒をストローで一気飲みしたり、鼻でワープロを打って好きな人へのラブレターを書いたりと、松兼氏が筑波大で過ごした青春の日々が、みずみずしい言葉で綴られていた。その愉快な生き方は、斉藤さんの心に強く残った。

「こういうことを職業にする障害者がいるんだと驚きましたね。自分が経験した若き日のドタバタを等身大で描いている。障害のある人にも、こんな人がいるんだな、って」

僕も一人暮らしができるのではないか

筑波大では市内の宿舎（学生寮）に入った。斉藤さん自身、一人暮らしをしたいと思ったことはなく、「自立生活」という選択肢の存在は知る由もなかったから、日常生活は、休職して斉藤さんと一緒につくばへ移り住んだ母親が介助した。しかし一年目の夏休み、授業が始まるまで一時的に母親が青森の職場に復職することになってしまう。

「母と一緒に青森に帰るつもりはなかったですね。帰ってもどうせ自宅に『幽閉』されるだけなのはわかってましたから」

斉藤さんの脳裏には、養護学校時代の記憶が強く焼きついていた。

寮で生活していた中学・高校時代、毎年夏休みの一か月間は実家に戻っていた。しかし、母親が仕事で家にいない日中は、斉藤さんは一歩も家から外に出られなかった。一〇代の若者にとって、それは苦痛でしかなかった。大学の夏休みはさらに長い。二か月もの間、自宅にい続けるのは「鳥肌が立つほど嫌だった」。

大学では同じ学部の同級生とのつきあいもあれば、いくつかのサークルにも足を運んでいた。自分の世界を積極的に広げつつあった斉藤さんにとって、家から出られないことへの拒否感は高校時代よりも大きくなっていた。

どうにか青森に帰らずに済む方法はないだろうか。そう考えていたとき、同じ寮で暮らしていた、脳性麻痺のある二学年上の先輩の存在が頭に浮かんだ。彼は介助ボランティアを募り、一人暮らしをしていたのだ。「自分もボランティアを使えば、一人で生活できるのではないか」。

そこからの斉藤さんの行動は早かった。さっそく参加していた自主ゼミ「部落問題研究会」

や人形劇サークル「NEU」の仲間たちに、ボランティアで介助をお願いできないかと相談した。すると、すぐに一〇人ほどが応じてくれた。こうしてひとまずは夏休みを乗り切るための、即席の「自立生活」が始まった。淡々と語っていた斉藤さんの声が、熱を帯び始めた。

「ボランティアはみんな素人だったけど、エネルギーがあって無鉄砲。若者がノリと勢いでやれちゃう時期ってあるじゃないですか。まさにそんな感じ。僕自身の生活も最低限とはいえ、みんなの力でどうにかなった。障害のある人が指示を出すという自立生活の文化は知らなかったから、そこは適当だったかな。ある程度シフトを決めてワイワイやるという感じでしたね」

なんとか夏休みを乗り切れたという達成感から、このまま二学期以降もみんなに介助を続けてもらいたいと斉藤さんは考えた。自分の介助のために仕事を中断せざるを得ない母親のことも引っ掛かっていた。「それって女性差別だよね」と友人に指摘されたからだ。

「女性の社会参加の妨げになっているし、それでは差別が固定化してしまう、って言われたんですよ。言われてみればそうだな、と思った。僕自身、大学生になってまで親の介助に頼っていることに抵抗はあったけれど、それ以外に方法はないと思っていた」

そうした議論を仲間たちと交わしながら立ち上がったのが、斉藤さんの生活を支える学生たちと斉藤さんによる学生グループ「波紋の会」である。斉藤さんが自立生活をすることで生み出す「波紋」が、自分と周囲の人たちにぶつかり、行きつ戻りつしながら、より遠くへと広がり続ける。そしていつかその波紋は、社会を変えていく――若者たちは、そんな思いをグループの名前に込めたのだ。「周りの思いとサポートがあったから始められた」と、斉藤さんは当時を振り返る。

本格的な自立生活の開始時期を一〇月に定め、六〇人を目標に介助ボランティアを募ると、九月末には、どうにか三〇人ほどの学生たちが集まった。夏休み後、つくばに戻ってきていた斉藤さんの母親も、「波紋の会」の準備を見届ける中で学生たちを信頼し、一〇月には再び青森に戻っていった。

「波紋の会」の立ち上げ時から介助に携わっていた松岡功二さんは、斉藤さんの部屋で今後の方針を議論していたとき、斉藤さんの母親からかけられた一言を、今も覚えている。「うちの子どもと接した経験は、みなさんが社会に出たときに、きっと役に立ちますから。頑張ってみてくださいね」――看護師としての経験から出たこの言葉は、これから始まる新しい世界にワクワクしていた若者たちの背中を、そっと押してくれるものだったという。

こうして、若者たちの「ノリと勢い」による本格的な自立生活がスタートしたのだった。

学生ボランティアの勢いと葛藤

ほにゃらの事務所の奥に、雑具をしまう小部屋がある。その壁面の、古い資料が並ぶ書棚を見ていたとき、クリアファイルの中から日焼けした薄い冊子が出てきた。表紙には、手書きの文字で「波紋」とある。「『波紋の会』の機関紙ではないか！」と胸が高鳴った僕は、近くにいた職員に思わず「これ、見てもいいですか？」と詰め寄り、「そんなもので興奮するの、シバタさんくらいですよ」と笑われてしまった。

ページをめくると、そこには性別も学年もさまざまな学生たちによる、斉藤さんと出会ったときの衝撃や一緒に参加したイベントの感想が綴られていた。ときには「障害」について斉藤さんと熱のこもった議論を交わすなど、二〇歳前後の若き学生たちの、ほとばしるような情熱が読み取れる。

実際に斉藤さんが自立生活を始めて以降は、ボランティアが足りず、常に探し続けなければならなかったという。書棚で見つけた別のファイルには、介助ボランティアのシフト表や、介助者募集のチラシもあった。ある月のシフト表では、丸一週間、午前中に人がつかず「空き」となっている。他の時間帯も、何度も人の入れ替えを示した跡がある。人手に苦労していた学生たちの息遣いが聞こえてくるようだ。それでも当時を語る斉藤さんの声は、明るい。

「四〇人はいるべきところを、三〇人くらいで回していたから、本当にギリギリ。大変でした。でも、楽しかったかな。ボランティアのみんなも、『障害』という未知の世界を知ることに刺激を感じていた。九〇年代半ばの日本は経済的にすごく豊かで、何でも手に入る一方で、障害者の多くは施設に入れられ、自立した生活もできないでいた。学生たちには、『それっておかしくねえ？』という問題意識もあった」

斉藤さんの存在に刺激を受け、行動に移そうとする学生たちとのつながり。しかし斉藤さんは、それは「ただ単純に『美しい』だけのつながりではなかった」と言う。

「面倒なことはたくさんあった。『困っている障害者を助けたい』と言って入ってきた人が、事情があったにせよ、突然辞めていなくなったり。そういうとき、僕は思うわけですよ。『なんで、そんなに簡単に見捨ててくれるわけ？』って。だって、『（介助を）やめる』と言われたら、僕は死んじゃうわけですから」

自分の身体を自由に動かすことができない斉藤さんにとって、介助者不在の時間ができることは即、命の危険に直結する。

「それでも、まったく誰も家にいなくなるということはなかった。誰かしらが無理して来てくれたんですよね。でも、それはそれできつかった。学生時代は、周囲との関係にずっと葛藤していましたね」

葛藤していたのは、斉藤さんだけではない。介助に入っていた松岡功二さんも当時、同様の複雑な思いを抱えていたという。

「僕は辞めることもできる側の人間だけど、斉藤はそうはできない。自立生活の当事者たちは、自立生活がなくなってしまったら生きていけなくなる。命にかかわるという感覚でやっている当事者と、ボランティアの僕たちでは、やっぱり見ているもの、感じているものに、超えがたい何かがあると思っていました」

障害者福祉をめぐる大きなうねりの中で

自立生活センターは、一九七二年に米国カリフォルニア州バークレーで、権利擁護の運動体とサービスを提供する事業体を兼ね備えた当事者団体として誕生した。

日本では一九六〇年代後半から七〇年代にかけて、障害者による社会運動（障害者運動）が勃興する。障害者の人権を訴え先鋭的な活動をしたことで知られる脳性麻痺者による組織「青い芝の会」[*4]は、その運動の中心であった。全国各地に展開した「青い芝の会」を核として、「府中療育センター闘争」[*5]や「川崎バスジャック闘争」[*6]といった脳性麻痺者らによる運動が立ち上がっていった。

家庭では人目につかないよう隠され、施設では大部屋に収容されるだけでなく、トイレの時間まで決められ、許可がなければ外出できない。女性の入浴介助は、当然のように男性職員によって行われていた。そのように自由を制限され、家や施設に閉じ込められていた脳性麻痺者たちが、重度障害があっても地域社会で人間らしく生きる権利があるという考えのもと、自ら声を上げ始めたのである。

六〇年代以降の学生運動の流れを背景に、施設の知られざる実態や構造的問題を明らかにするかれらの運動は注目を集めた。しかし、七〇年代に入ると、そうした告発・糾弾型の運動の限界も見え、新たな運動の形が模索され始める。そうした土壌の上に起きたのが、米国式の「自立生活センター」を日本でも実践しようとする動きである。一九八六年には、障害当事者である中西正司氏が、米国の自立生活センターで研修を積んだ仲間たちと日本初の自立生活センター「ヒューマンケア協会」[*7]を東京都八王子市に立ち上げた。これを契機に、日本国内でも自立生活センター設立が続いてゆく。

大学生時代の斉藤さんは、そうした自らのあり方を模索する新旧の障害当事者たちの洗礼を受け、人生観を変えられた一人だった。長年、茨城の県南地域で自立生活をしてきた「茨城青い芝の会」[*8]の里内龍史さんと初めて会ったときのことは、今でも忘れられないという。

「自宅はすごくボロくて、隙間風がビュービュー吹いていた。服装もなんだか汚くて、当時の僕には信じられない暮らしぶりでした」

驚く斉藤さんに、里内さんは「青い芝の会」の行動綱領「愛と正義を否定する」を語り始める。里内さんは脳性麻痺により話をすることが難しいため、会話には文字入力による音声読み上げ装置を使っていた。

「われらは愛と正義を否定する　われらは愛と正義のもつエゴイズムを鋭く告発し、それを否定することによって生じる人間凝視に伴う相互理解こそ真の福祉であると信じ、且、行動する」——自分が信じる生き方を貫く里内さんの破天荒ともいえる姿は、斉藤さんの目にどう映ったのか。

「当時の僕は筑波大に入ったばかり。一般の人たちについていくために勉強を頑張らなきゃって

里内龍史さん。自宅には「青い芝の会」の「行動綱領」が掲げられていた

思ってたんだけど、里内さんを見ていたら、『そうじゃなくても生きていけるんだな』と感じたんですよね。それからあんまり勉強しなくなっちゃった」

「波紋の会」では同世代の若者たちのエネルギーと新しい自立生活運動への動きに触れる一方で、七〇年代的な告発・糾弾型の権利擁護運動を実践してきた里内さんら「先輩」たちとの邂逅にも目を開かれる――斉藤さんは、まさに戦後の障害者運動が交差する地点で「自立生活」を始めようとしていたのである。

国連総会が一九八一年を、世界の関心を「障害者が社会に完全に参加し、融和する権利と機会を享受することに向ける」国際障害者年[*9]と宣言すると、障害者の置かれる社会環境は実際に少しずつ変化していく。九〇年代初めには全国十数か所に自立生活センターが生まれ、九一年にはその連絡調整機関として、東京都八王子市に「全国自立生活センター協議会（ＪＩＬ）」が設立された。九三年には、七〇年代から公的な介護補償を要求して活動し、「府中療育センター闘争」の当事者であった東京都北区の新田勲氏らが、日本で初めて二四時間の介護補償を実現させている。

斉藤さんが「自立生活センター」の存在を知ったのは、書籍『生の技法――家と施設を出て暮らす障害者の社会学』によってだった。一連の自立生活運動のありようを体系的に描き出し、「自立生活センター」の考え方を世に広く伝えた同書は、一九九〇年の初版（藤原書店）以来、改訂を重ねながら読まれ続けている。

「当事者が訴えていかないと社会は変わらないという考えを理屈づけてくれる本だった。学生同士で読書会を何度もしました。理論武装したかったのだと思います」

特に印象的だったのが、「施設」と「地域生活」における介助者のあり方についての記述だ。

「施設にはお金をもらって働くヘルパーがいるのに、地域で暮らすと、ヘルパーは無償のボランティアに頼るしかない。それっておかしいよね？　という話が書かれていました。施設にいようが、地域で暮らそうが、いつでもヘルパーが使えるようになって初めて、『施設に入りますか？』『地域で暮らしますか？』という選択肢が生まれるはず。なのに、それもない状況で、僕たちは二択を迫られる。それなら生きていけるほうを選ぶしかない。でもそれって誘導でしかないじゃん、と。なるほど、と思いましたね」

「ボランティアが足りない！」――「つくば自立生活センター ほにゃら」を作る

九〇年代後半には全国の動きはつくばにも到達、筑波大の学生を中心に自立生活への機運が高まっていた。

「その頃は今よりずっと勢いがあって、自立生活する人も増えていた。それも重度障害のある人たちばかり。『マジでこんなにやれんの？』ってくらいだった」

斉藤さんの語り口は、まるでつい最近のことを振り返るように軽やかだ。

当時、斉藤さんらによる学生団体「波紋の会」のほかにも、障害者の自立生活を支援する学生による「障害者の自立生活を実現する会（「実現する会」）」が立ち上がり、茨城県立医療大学など、他大学の学生も巻き込みながら活発な活動を繰り広げていた。斉藤さんらとも関係が深かった「実現する会」が支えようとしていたのが、のちにほにゃらの立ち上げメンバーとなる、宮本早苗さん、桜井憲子さん、佐藤美咲子さんという三人の脳性麻痺者である。いずれも施設入所者、あるいは自宅で家族と暮らしながら、どうにかして自立生活をしたいと、学生たちとの交流を重ねて道を探っていた。

「三人とも重度障害でした。でも、それぞれが当然のように『自立生活したい』と言い出して、周りもそれにどんどん巻き込まれていったんですよ」

各地にどんな介護補償があり、どんなバリアフリーへの取り組みが行われているのか、最新の状況を学ぼうと、斉藤さんたち当事者も学生らと一緒に都内での勉強会へ参加するなど積極的に活動の幅を広げていった。そうして知識とノウハウを積み重ね、九七年に桜井さんが、九九年に佐藤さんと宮本さんが、つくば市と近隣の阿見町で自立生活をスタートさせる。

一方、自立生活をする当事者らの盛り上がりに反比例するように、介助者不足は深刻化していった。

ただでさえ介助者の確保は難しい。同じ地域内に自立生活者が増えれば、介助者はさらに必要になる。不足の拡大は自明のことだった。一人の暮らしを二四時間支えるのに必要なボランティアは、最低四〇人。斉藤さんと「実現する会」が支える三人、合計四人の生活を支えるには、一六〇人が要ることになる。学生団体の力だけでそれだけの人数を集めるのは不可能だ。

「介助者が足りない、足りないって、みんなが言っていた。僕自身も焦っていた。このままじゃボランティアの取り合いになっちゃう。これはもうボランティアだけじゃやってられない。介助者にきちんと賃金が払われる仕組みを確立しなきゃいけないよね、暮らしを安定させるためにも自立生活センターやるしかないよね、と」

介助者がいない＝障害のある人の命を危険に晒すこと。権利擁護への思いはもちろんあった。しかし今はとにかく、介助者を確保しなくては。当事者・ボランティア両者の中で大きくなった介護者不足への危機感と、そこから生まれた「自立生活をするみんなが生きられる仕組みを地域に作らなければいけない」という強い意識。それこそが、「ほにゃら」設立の実質的な原動力となったのである。

同時に、学生時代から斉藤さんと活動をともにしていたほにゃらの健常者職員、松岡功二さんは、行政の支援を得るべく役所と交渉を重ねる中で、また違った角度でのボランティアの限界と当事者団体としての自立生活センターの必要性を感じていたという。

「本来、障害者の生活を支えるヘルパーは行政がつけるべきもの。ボランティアが責任を負うものではありません。役所にはそう訴え続けていましたが、なかなか聞き入れられず、忸怩たる思いを抱えていました。

交渉の傍ら、勉強会に参加する中で『自立生活センター』のことを聞いたとき、驚きました。そうか、当事者が主体になり、組織化して行政交渉に臨めばいいんだ、と。自立生活センターを組織すれば、行政交渉だけでなく、人権擁護活動、一人ひとりに対するピアサポートなど、それまで僕らがボランティアでやってきたことも、業務として取り組める。パッと視界が開けるような思いがしました。『そういうことなんだ。これが自立生活センターなんだ！』って」

こうして「実現する会」と斉藤さんら「波紋の会」の有志が立ち上がり、二〇〇〇年四月に準備会が発足。専門家を招いた勉強会を開催するなど一年かけて体制を整え、〇一年五月に「つくば自立生活センター　ほにゃら」を設立するのである。

このとき掲げた理想が、「設立趣意書」としてホームページに掲載されている。

私たちの活動は（中略）自立生活センターの理念である「自分たちのことは自分たちできめる。自分たちのことは自分たちが一番よく知っている」を合い言葉に、障害に関わりなく生活できる社会の創造を目指していきます。

そしてその完了形は、街のあちこちで車椅子・乳母車・自転車・下駄・盲導犬、さまざまな足音が混じり合う、さまざまな人々が行き交う、「まだ誰にも想像つかない普通の風景」です。

この思いに賛同される、同じことを考えている障害者・非障害者の皆さん、是非この「創造」

に参加して下さい。お待ちしています。

「まだ誰にも想像つかない普通の風景」――「ほにゃら」は最初から、まちの風景を変えるために作られた集団であった。障害の有無や立場、背景は関係なく、そうした理念と目的に共感して集まった人たちが「ほにゃら」を作っている。これはすごいことではないだろうか。長年、社会参加はおろか、自らの暮らしを立てることさえ許されてこなかった障害者たちが、自らの住むまちの新たな風景を「創造」しようと、広く呼びかけているのだ。

「こういう集まり方をしたグループは、他にはあまりないでしょう。その意味では、独特なグループなのかもしれませんね。当時の雰囲気は、なんとなく今にもつながっていると思います」

斉藤さんはそう言うと、微笑みながら、何かを納得するように小さく頷いた。

[注]

＊1……**ほにゃらキッズ**　幼少期から自立生活とは何かを体験することの意義は大きい。支援者だけでなく、「先輩」の当事者とともかかわることによって、自分には必要なサポートを受ける権利があるという意識と安心感が生まれ、障害があっても社会で主体的に生きようという意欲にもつながる。一時活動を休んでいたが、二〇二二年にほにゃら代表の川島映利奈さん、職員の松岡功二さんらを中心に再開された。

＊2……このうち介助者の派遣と移送サービスなどは別法人「特定非営利活動法人 サラダボール」（理事長・斉藤新吾）として行っている。saladbowl-tsukuba.jp

＊3……**全国自立生活センター協議会（JIL）**　全国にある自立生活センターの連絡、協議団体。一九九一年の設立以来、障害者の自立生活の理念を広め、自立生活センターの設立を推進すべく、研究発表や政策提言、障害者の権利擁護、行政機関との交渉、海外交流など、幅広い活動を展開している。人材養成やノウハウ・講師の提供、マニュアル発行、研修会の開催など、自立生活センターの活動支援も行う。

＊4……**青い芝の会**　日本初の公立肢体不自由児学校、東京市立光明学校（現・都立光明特別支援学校）の卒業生だった脳性麻痺者、高山久子、金沢英児、山北厚によって、一九五七年一一月、東京都大田区で結成された会。当初は同窓会的な集まりだったが、次第に障害者差別など社会問題を提起・告発する団体へと変わっていった。

＊5……**府中療育センター闘争**　一九七〇年代前半、東京都府中市の都立府中療育センターに入所する脳性麻痺者の新田勲らが、施設の処遇改善等に抗議した運動。同センターは六八年、重度の心身障害者（児）、精神薄弱者の療育・更生施設として、美濃部都政により設立。「東洋一の規模・近代的施設」との触れ込みとは裏腹に、実際には死亡後の解剖承諾書への署名や望まない手術の強要など、障害発生を予防する「医療実験施設」だったといわれる。顕著な人権侵害が日常化する中、入所者に理解を示す心ある職員が一方的に異動させられたことをきっかけに、七〇年、新田らはハンガーストライキを強行。七二年、入所者の一部を山奥の民間施設に移す計画が発覚すると、新田らは約二年間、都庁前での座り込みを続けた。施設職員の深刻な腰痛問題も暴露、労災を認めさせるなど、この抗議行動は当事者と施設職員が一体となって福祉の発展を目指す障害者運動の原点となった。新田らはその後、地域で暮らすための介護料要求運動も展開。八八年には支援者と障害者双方の生活保障を求め、全国公的介護保障要求者組合を設立。九三年、二四時間の介護補償が日本で初めて実現した。

＊6……**川崎バスジャック闘争**　車椅子利用者へのバスの乗車拒否が相次いでいた中、一九七六年、川崎市営バスと東急バスが設備不十分、非常口をふさぐ等を理由に、介助者のいない車椅子利用者を乗車させない方針を打ち出すと、七七年、「全国青い芝の会連合会」の呼びかけによって全国から障害者が集結、二八台のバスを占拠し、ストップさせた。事件は国会で取り上げられるも、介助者なしでバスに乗れるよう運輸規制が改正されたのは、二二年後の九九年だった。

＊7……**ヒューマンケア協会**　一九八六年、日本で最初期に設立された本格的な米国型の自立生活センター。バークレーで研修を受けた安積遊歩（純子）、阿部司、樋口恵子ら当事者が参画。これ以前にも、三多摩自立生活センター

（立川市、八〇年代初頭）、静岡自立生活センター（静岡市、八四年）、日本自立生活センター（京都市、八六年）などが、アメリカの自立生活センターの影響を受けて誕生している。

＊8……**茨城青い芝の会**　一九六一年、大仏空和尚らの提案により、前年に折本昭子らが設立した「県南障害者の会」から移行する形で発足。六三年には新治郡千代田村（現・かすみがうら市）の閑居山願成寺に脳性麻痺者によるコロニー「マハラバ村」を立ち上げ、隆盛を極めた。後年、マハラバ村を出た障害者の多くが全国各地で「青い芝の会」を結成し、先鋭的な権利擁護運動を展開した。

＊9……**国際障害者年**　一九七六年、国連総会は、世界の人々の関心を障害者の社会参加と権利と機会の享受に向け、ノーマライゼーションを実現するため、八一年を「国際障害者年」に定めると宣言した。障害者が健常者と同等に生活できる社会こそが正常であるとする「ノーマライゼーション」の理念はこれ以降、日本でも普及し始め、障害者福祉政策も大きく動き出した。

［参考文献］

渡邉琢著『介助者たちは、どう生きていくのか――障害者の地域自立生活と介助という営み』生活書院
中西正司著『自立生活運動史――社会変革の戦略と戦術』現代書館
新田勲編著『足文字は叫ぶ！――全身性重度障害者のいのちの保証を』現代書館
新田勲著『愛雪――ある全身性重度障害者のいのちの物語（上・下）』第三書館
横塚晃一著『母よ！殺すな』すずさわ書店
横田弘著『増補新装版　障害者殺しの思想』現代書館
松兼功著『お酒はストローで、ラブレターは鼻で』朝日新聞社
安積純子・岡原正幸・尾中史哉・立岩真也著『生の技法　第3版　家と施設を出て暮らす障害者の社会学』生活書院
障害者の自立生活を実現する会ホームページ　jitsugen.tone21.net

3

ほにゃら前史

宮本早苗さんの闘いと
つくばの障害者運動

ほにゃらの事務所には、ある創設メンバーの女性の写真が掲げられている。金色に染めた短髪に、ヤンチャな笑顔。二〇一五年、五〇歳のときにガンで亡くなった宮本早苗さんだ。

宮本さんの生き方は、前章で「つくば自立生活センター ほにゃら」発足の経緯を語った斉藤新吾さんらの活動の土壌になっていた。ここでは多くの人の心に今も残る、宮本さんの物語を伝えたい。

脳性麻痺により、話すことと身体に重い障害があった宮本さんは、一一歳で施設に入所し、二〇年以上をそこで過ごした。施設を出て自立生活を始めたのは、ほにゃらが立ち上がる二年前の一九九九年、三四歳のときだった。

「やりたいことをやり切りたいという宮本さんのエネルギーは、誰よりも強かった」

「言ったらきかないんです。何度もダウンさせられました」

彼女の暮らしを支えた人たちはみな、宮本さんの気持ちの強さに圧倒されたと口を揃えるが、表情には宮本さんへの愛着がにじんでいる。

「早苗さんは、わがままでした」

事務局長の斉藤新吾さんは、敬意を込めてそう表現した。

「これと思ったらやり通す。それ自体は格好良く聞こえるけれど、介助を必要とする以上、必然的に多くの人を巻き込むことになります。自分の欲望を自分でコントロールできなくなってしまうこともあって、周囲は大変でした。でも、早苗さんが勇気を持って施設から出て自立生活を始めたことで、確実に地域は変わり、人も変わってきた。僕が、重度障害者こそ、自立生活センターにとって必要な存在だと気づいたのも、早苗さんとの出会いがあったからです」

宮本早苗さんとは、どんな人だったのだろう。長期間の施設生活を経て自立生活を実現した彼女の生涯を辿ることで、ほにゃら誕生の経緯だけでなく、自立生活の本質を知ることができるのではないか。そう感じた僕は、宮本さんの「自立」を実現させるために動いた人たちに話を聞くことにした。まず会ったのが、宮本さんが過ごした施設の元職員、天下井治男《あまがいはるお》さんである。

自立を支えたキーパーソン1　天下井治男さん

天下井治男さんは学生時代から障害者の権利擁護運動にかかわり、一九七四年から二三年間、水戸市の障害者施設の職員として勤務する傍ら、施設で出会った当事者に自立へのアドバイスを送り続けてきた人物だ。現在、つくば市から北へ六〇キロにある水戸市内に暮らしている。この日はインタビューのために、わざわざつくばのほにゃら事務所まで来てくれた。

「遠くまで呼び出してしまってすみません」と声をかけると、短く整えられた白髪の頭に手をやりながら「いやいや、久しぶりにほにゃらの皆さんにも会いたいと思っていたんですよ」と、茨城独特の柔らかなイントネーションで返してくれる。

インタビューには、「波紋の会」から斉藤さんの介助にかかわり、ほにゃらの立ち上げメンバーにもなった職員の松岡功二さんも同席してくれた。二人は旧知の間柄で、僕を天下井さんにつないでくれたのも松岡さんだ。さっそく会議室で、インタビューを始めた。

天下井さんは、「今も忘れられない宮本さんの言葉がある」と切り出した。一九九一年一二月二四日、施設で開かれた恒例のクリスマス会でのことだ。

「クリスマス会の最後の場面で、集まっていた親と職員に向かって、いきなり『私は外に出て生活したい』と言ったんですよ。強い麻痺があるから、かなり長い時間をかけて。みんな驚いていましたよ。それが現実的だとは誰も思っていなかったけどね」

後日、「出て行ってどうすんだ、死んじまうぞ、誰が面倒見てくれるんだ」とこぼす職員たちの隣で、天下井さんは一人、震えるような感慨を抱いていた。

「自立の道を実践したいという彼女の意思が、ここまで固くなっていたのかと、こみ上げるものがありました」

それもそのはず、宮本さんにその意思を固めさせた張本人が、天下井さんだったのである。

茨城県における障害者による権利擁護運動の高まり

天下井さんと宮本さんの出会い、そして自立生活への促しについて語るには、まず茨城県における障害者をめぐる運動を振り返る必要があるだろう。

前章でも触れたように、戦後の茨城県では、全国でも特筆すべき障害者たちによる権利擁護運動が展開されてきた。そのスタートといえるのが、一九六一年の「茨城青い芝の会」設立である。

障害者への差別意識が今よりも強かった時代、障害のある人たちは、家庭や施設に閉じ込められ、家族からも社会からもその存在が隠されていた。そうした中、「脳性マヒのみんなが手をつなぎ踏まれても踏まれても青々と萌えていく芝のように立ち上がろう」[*1]との思いを込めて当事者同士でスタートしたのが「青い芝の会」である。最初は家から外へ出て、親睦を深める機会を作ることが中心だったが、次第に「重度障害者にも地域社会で人間らしく生きる権利がある」と、障害者差別の解消や権利擁護を求め、激しい告発運動を展開していく。

「茨城青い芝の会」を立ち上げたのは、ほにゃらともかかわりの深い折本昭子さんら茨城県内に暮らす脳性麻痺者たちと、千代田村（現・かすみがうら市）にあった寺院、閑居山願成寺の住職・大《お》仏《さらぎ》空《あきら》氏だった。かれらは六三年、閑居山に脳性麻痺者によるコロニー「マハラバ村」を作る。最も多いときで全国から三〇人以上が集まり、共同生活を送っていた。

後年、マハラバ村を出た障害者を起点に、全国各地で「青い芝の会」が結成されていく。その中には、「川崎バスジャック闘争」など、先鋭的な社会活動を展開した「神奈川青い芝の会」の横田弘氏、横塚晃一氏らもいた。その活動を追った原一男監督のドキュメンタリー映画「さよならCP」（七二年公開）で中心的な存在として登場するこの二人と原監督が出会ったのも、マハラバ村でのことだったという。

天下井さんも学生時代、「青い芝の会」でボランティア活動をしていた。そこでのかかわりを通して、脳性麻痺の当事者でマハラバ村のリーダー格の一人だったという成田澄江さんと出会う。成田さんは当時、茨城県谷田部町（現・つくば市谷田部）で脳性麻痺がある子どもたち向けの私塾「ひまわり教室」[*2]を主宰し、勉強を教えていた。

日本では一九七九年まで、脳性麻痺者など、身体が自由に動かせない子どもには「就学免除」「就学猶予」の措置が執られていた。[*3]実際には、そうした子どもたちに就学が許可されることはほとんどなく、実質的に義務教育から排除され、地域で「放置」されていたのである。成田さんは、学校にも通えず、施設にも入っていない、家にいるしかない子どもたちのエンパワーメントに力を注ぐとともに、「青い芝」が提唱する「自立」についてもかれらに伝えていたという。

「施設は地獄だった」

さて、一方の宮本早苗さんは、一九六五年、茨城県土浦市生まれ。生まれつき脳性麻痺による重い障害があり、身体を思うように動かすことができないが、その身体を引きずって一人で外に出てはいたずらをするような活発な女の子だったという。

　そんな宮本さんが家族の元を離れて施設に入ったのは、一九七六年、一一歳のときだ。天下井さんによると、「宮本さんは最初、施設で訓練すれば歩けるようになると思い、自分で希望して入所した」のだという。

「歩けるようになったらすぐに施設は出るつもりだったのでしょう。でも、現実は違いました。まさか二〇年以上もそこで暮らすことになるとは、想像もしていなかったと思います。後年、自立生活を初めた彼女が、『施設は地獄だった』と言うのを聞きました」

「入所施設は、自立訓練とか指導という謳い文句を掲げていましたからね。誰もそんなふうには思ってはいなかったけれど」と、松岡さんが補足する。

　宮本さんが入っていたのは、「重度の知的障害」「重度の肢体不自由」が重複する「重症心身障害児」とされる子どもたちが暮らす施設。宮本さんには重度の身体障害はあったが、「重度の知的障害」については疑問を持つ人が多い。宮本さんにとって、施設での暮らしは退屈でストレスの塊だっただろうと、天下井さんは言う。

「日中は、三〇人ほどが一つの大きな部屋に集まって、床に寝転がったりしながら、動ける人は歌を歌ったり、テレビを見たりします。晴れていればリヤカーに乗せて、施設の周りを散歩したりして。

　正直言って、プライバシーはゼロです。わしらがいた時代は、障害者のプライバシーなんかなくて当然っていう感じだったから。トイレは狭くて寝たきりの人が使えるサイズじゃないし、

上：松岡功二さん
下：天下井治男さん

人手がなくて手間がかかるからと、おしっこはバスタオルかけて大広間でやるしかない。同性介助の概念もなく、入浴も男女の別なく、男の人がやっちゃってた時代です。介助リフトもないから、力ずくでやるしかない。力のある男性が女性を抱えて体を洗っていましたね」

聞くだけでゾッとするような光景を、天下井さんは淡々と振り返っていく。

「そういう生活に慣れてしまっている人がほとんどでした。でも、宮本さんのように自分で考える力のある人は当然、おかしいと思うし、我慢するのはものすごいストレスだったと思う。ここにいるのはしんどいですよ。二四時間、常に誰かの目があるわけだから」

府中療育センター闘争が起きたのが一九七二年。それから二〇年が経っても、茨城の施設の状況は変わっていなかったのである。

やろうと思ったことは自分でやり切るしかない

そんな様子を見ていた天下井さんは、宮本さんに自立を勧め始める。宮本さんはすでに二〇代後半になっていた。

「自立するなら、体が動く三〇代までだよ、という話をよくしていました。障害があると、体が動かなくなるのも早い可能性がある。年をとってしまう前に楽しい思いをしないとしようがないよ、って」

天下井さんは年に三度ある帰省の機会（正月、ゴールデンウィーク、お盆）には、谷田部町で「ひまわり教室」を開く成田澄江さんのところへも宮本さんを連れていった。[*4]

「宮本さんは頭の回転が早く、自分で考える力もあった。成田さんと当事者同士で話し合う中で、自分の将来のことを決めてほしいと思ったんです」

成田さんは宮本さんが来るたびに、「自分の意思ははっきり伝えなくちゃダメ」「自分から何が必要かを発信しないと、誰もわかってくれないよ」と、宮本さんを諭していたという。

「自分から発しなければ、誰も見てくれない。やろうと思ったことは、自分でやり切るしかない、と成田さんに言われていたようです。壁にぶつかることもあるけれど、止まったら、そこから先の道はなくなっちゃうわけだから」

宮本さんの母親は、成田さんのところに行くのを止めたが、本人は決してやめなかった。親の意思より自分の意思を優先する——施設での自由のない生活に我慢ができなくなっていた宮本さんは、天下井さんや成田さんとの出会いを経て、自立への思いを固くしていったのである。

「宮本さんは頑固だったね。自力で立ち上がることはできなくても、口は利けるので周りの人は大変でした。施設で気に入らないことがあると、横になったまま怒鳴りつけていましたよ。『あの看護師さんが嫌い』ともよく言っていたし、合わない職員とは口も利かなかったくらい」

天下井さんはそう言って笑ったが、この宮本さんの頑固な気質こそが、自立生活を実現させた最大の原動力だったとも振り返る。

「外に出たいと思っている人は他にもいたし、私も『この人は』と思う人には施設外での生活がありうることを伝えていたけれど、実行にまで移せたのは、宮本さんだけでした。

やっぱり親が反対するんですよ。施設を出たら、親が面倒をみるのが当たり前。親は自分たちが高齢になれば、施設で面倒をみてもらうしかなくなってしまうと思うから反対する。親たちのこの意識を突き破るには大変なエネルギーがいります。だから『自立生活』なんて想定さえできない。それが普通なのだと思います」

やると言い切って最後まで自分でやり切ること――それが宮本さんにとっての「自立生活」でもあるのだった。

自立を支えたキーパーソン2・松岡功二さん

施設で暮らした二三年の間に、宮本早苗さんの中には「自立」への思いが湧き立っていた。その思いの実現に、宮本さんに負けないほどのエネルギーを注いだのが、天下井さんとのインタビューに同席してくれた松岡功二さんをはじめとする若者たちである。かれらの支援なくして宮本さんの自立生活はなかったし、かれらの今もなかったといえる。

ほにゃらの立ち上げメンバーで健常者スタッフでもある松岡さんは、初めて宮本さんと出会った日のことを今でも鮮明に覚えている。一九九六年三月八日。天下井さんがクリスマス会で宮本さんの決意を耳にした五年後のことだ。

「それは早苗さんの誕生日でした。初対面で突然『一人暮らしがしたい』と打ち明けられたんです。彼女の自立生活が実現したのが九九年の誕生日なので、丸三年かかったということですね」

日誌を見返しながら、松岡さんが当時を振り返る。

松岡功二さんは当時、重度障害のある人たちが自主運営するつくば市内の作業所「まぐろ工房」で事務をしていた。まだ入所して三か月、仕事にも環境にも慣れてきたばかりの頃である。この日、松岡さんは「小規模作業所」の研修会に参加するため、障害のある四人と一緒につくばから車で水戸に向かっていた。四人のうちの一人で、のちにほにゃらの二代目代表を務める桜井憲子さんが車中、「水戸の施設に入所している幼なじみの誕生日なので、帰りに寄ってお祝いしよう」と言ったことから、水戸市郊外の障害者施設に行くことになった。その幼なじみというのが、宮本早苗さんだったのだ。

まちから離れた農村地域にある広い敷地には、古いコンクリートの建物が点々と建っていて、障害によって住む場所が分けられていた。松岡さんたちは、その中から宮本さんが過ごす建物に向かった。面会を伝えると、職員に車椅子を押されて宮本さんがやってきた。母親同士が友達ということもあり、旧知の仲である桜井さんとの久しぶりの再会を喜ぶ宮本さんに、みんなでハッピーバースデーを歌い、誕生日を祝った。

その直後だった。宮本さんが松岡さんに小声で「一人暮らしがしたい」と言ったのは。

「びっくりしましたよ。会ったばかりで急に脈絡なく『ここを出て、一人暮らしをしたい』と訴えられたわけですから」

場所は施設の玄関口である。周囲を行き交う職員に聞かれれば、あとで何か言われる可能性もある。宮本さんが職員に聞かれないよう気をつけているのが伝わってきた。

松岡さんの驚きは、それだけではなかった。目に入った施設の環境にも圧倒されていた。

「カルチャーショックとでもいうべき衝撃でした。小学校の教室のような広い一室にカーペットが敷いてあって、障害のある人が二〇人くらいゴロゴロしているんです。早苗さんもそこでテレビを見たり、本を読み聞かされたりして日中を過ごしていたようです。個人の荷物は、部屋の後ろにあるランドセル入れのようなロッカーに収められている。部屋はがらんどうで仕切りがなく、プライバシーも確保されていない。夜は別の大部屋のベッドで眠っていたとはいうものの、こんなところで二〇年も暮らしている人がいることに驚きました」

松岡さんはこのとき二七歳。四歳年上の宮本さんは三一歳。自分と同世代の人が、一一歳かららこれほど劣悪な環境で暮らし続けているなんて——松岡さんは自分の中に「彼女の訴えに応えたい」という強い思いが芽生えるのを感じた。それは松岡さんの人生の新しい歯車が回り始めた瞬間だった。

「大変でしたよ。施設の人は『障害者が地域で一人暮らしなんてできっこない。無理に決まってる』と相手にしてくれませんでした。そもそも何をするにも『親』の了解がなければ、施設は動いてくれない。本人の希望だけでは外出もできなかったんです」

かぽっ、というコーヒーボトルの蓋を開ける音が会議室内に響く。松岡さんはマグカップにコーヒーを注いでひと口含んだ。

「僕自身も闘っていたんだと思います。『変えてやるぞ』という気持ちだけは強かった。なんなら施設に入っている全員を自立させたい、そんな気持ちもあったかもしれませんね」

バブルから遠く離れて「障害」と出会う

ここで時計を少し巻き戻し、松岡さんが障害者支援にかかわるようになった経緯を説明したい。松岡さんのこれまでは、つくば市における障害者をめぐる主要な動きを網羅しているようにも思えるからだ。

名古屋出身の松岡功二さんが筑波大学に進学したのは、四町村が合併して「つくば市」が誕生した一九八七年のこと。東京・銀座の土地坪単価が一億円を突破し、日本の外貨準備高が西ドイツを抜いて世界一になるなど、世の中が空前のバブル景気に湧き立っていた時代だ。しかし松岡さんは、そんな社会の騒がしさに違和感を持っていた。

筑波大教員で部落差別問題や外国人差別問題に取り組んでいた千本《ちもと》秀樹さんの自主ゼミに参加したのをきっかけに、松岡さんはきらびやかなバブルの世界に背を向けるかのように、社会問題の研究にのめり込んでいく。

八〇〜九〇年代は、日本各地にアジア人女性が働くナイトクラブやスナックが乱立した時代でもあった。茨城では土浦市などに、タイ人女性が働くスナックが集まっていた。そうした場所で働く女性たちは、自分ではしていない借金を背負わされ、脅迫を受けながら逃げられない状況に追い込まれることで、売春を強要されていた。

千本さんは仲間たちと、そのような暴力的な環境に置かれる女性たちの救出活動をしていた。女性からのSOSを受け取ると、客として店に入り、店外デートへと連れ出すのだ。そして店から離れたところに待機させた車に乗せて、店に気づかれないうちに支援団体の事務所へと車をかっ飛ばす。この車を運転するのが松岡さんの役目だった。夜中に突然、「今から行くぞ！」と電話がかかってくることもあったという。

「大学では政治や社会問題を学びたいと思っていたところ、千本先生と出会って現場に連れていってもらい、体験を通して学ぶようになりました」

筑波大学で松岡さんが得た人生を変える出会いは、もう一つあった。斉藤新吾さんとの出会いだ。一九九四年、松岡さんが大学院三年目、斉藤さんは学部に入学したばかりだった。

「千本先生の自主ゼミの新歓に斉藤くんが来たんですよ。一人で電動車椅子に乗ってウイーンって教室に入ってきた。それが最初でしたね」

この出会いから、松岡さんは学生ボランティアとして斉藤さんの自立生活にかかわっていくことになる。

「斉藤くんと出会ったのはとても大きかったです。彼は行動力があって、すごく魅力的な人。それに、『困っている』でしょう。介助が必要で困っている。僕も彼の役に立てるのではないかと思いました。実際につきあってみると、彼の生き様がすごく面白くて。彼といると、自分一人ではできないような面白い体験ができるんじゃないか、という感覚もありました」

「まぐろ工房」に入る

「充実した大学生活だったんですね」。これまでの話を聞いて僕がそう言うと、松岡さんは考えを巡らせながら、こう言った。

「キラキラしたものでは決してなかったです。そこへの憧れもあったけど、馴染めなかったんですよね。でも、豊かな時間を過ごしていたと思っています」

当時の松岡さんは、世界で起きている問題を直視しようと勉学に打ち込んでいた。その中で千本さんに出会い、千本さんが支援する差別に直面する人たちに出会い、障害のある斉藤さんに出会った。自分で考え、現場で人に出会い、さらに思索を深める。自らの関心ごとに没頭し、「豊か」な経験を重ねる大学生活だった。「こんな時間が続けば幸せかもしれない」と思っていた松岡さんは、やがて就職という壁に突き当たる。さまざまな活動を通じて、社会への批判的な目を養っていた松岡さんの目に、引く手あまたのはずのバブル期の就職活動は空虚に映った。

「バブルでざわざわしてた人たちには馴染めませんでした。みんないいとこに就職していくんですよ。僕も望めばそういう会社に入れたかもしれない。でも、なんか行きたくなかった。なんとなく『そっちじゃないよな』って思っていたんです。留年している人のほうが格好良く見えたりして」

学部卒業後は就職をせずに大学院に進学。九五年に大学院を修了した後は、一年間研究室に籍を置き、家庭教師のアルバイトや斉藤さんの介助ボランティアをしながら将来に思いを巡らせる日々が続いた。

「大学には、都合で八年いましたね。親には『就職どうするんだ？』と急かされ、教員採用試験を受けたりもしたのですが、真面目に勉強もしてなくて」

「まぐろ工房」の存在を知ったのは、そんなときだった。斉藤さんから「まぐろ工房が職員を探しているから、やってみたら？」と声をかけられたのである。

「まぐろ工房」は、一九九二年に「親子作業所」という名称で始まったつくば市の作業施設である。主に知的障害のある子を持つ親たちが、「障害のある自分の子どもたちも地域で暮らせる時代を作りたい」という思いのもと、障害があっても働き、社会に参加できる場として設立した。現在、「作業所」と呼ばれる施設は全国各地にあるが、当時はまだ珍しい存在だったという。

その後、子どもたちが成長するにつれ、親たちの中に「本人たちが自ら作業所を運営するべきだ」と考える人が現れ、「親子作業所」は当事者による自主運営作業所の「まぐろ工房」へと生まれ変わることになった。

「マグロのように寝たきりの人でも、頭を使って働き、作業所を運営することができるという意味を込めて名づけたようです。当事者主体の考え方は、現代の自立生活センターの思想とも重なりますよね」と、不思議な名前の意味を松岡さんが説明してくれた。

当時、「まぐろ工房」では四人の障害者が活動していた。主宰者である、つくば市在住の大坪葉子さんの次男で知的障害のある大坪洋人さん、脳性麻痺のある桜井憲子さんと佐藤美咲子さん、それに高橋有男さん。かれらは週に三日集まり、キーホルダーなどの雑貨を作ったり、集めたリサイクル服をまとめたりしていた。桜井さん、大坪さん、佐藤さんは、その後ほにゃらのメンバーとして活動することになる。松岡さんには、かれらの唯一のサポート役の声がかかったのである。

「『来月から来てください。給料は月に八万円』って。『そんなにもらえるの?』と思いました。家庭教師の報酬と合わせれば月に一四、五万になる。それだけあれば食ってけるな、と。おかしなヤツですよね。前の人はすぐに辞めちゃったみたいです。団体に経済的な基盤がなかったので不安になったんでしょうね。

好きな道を見つけて『これだ』というのではありませんでした。『これでもない』『あれでもない』と言っているうちに選択肢が狭まって、流れついたみたいな感覚。全然、主体的じゃない。研究の道への憧れはあったけど、今思えば社会に出たくなかっただけかもしれません」

こうした経緯で一九九六年一月から始まった「まぐろ工房」での日々は、松岡さんにとって刺激的なものだった。

「やってみたらすごく楽しかった。金にはならなかったけど、金には変えられない経験を自由にさせてもらった。常に新しい出会いがあり、びっくりするようなことが毎日起きるんです。水戸事件[*5]などの大きな問題が起きると抗議に出かけたり、市役所と交渉したりもした。まぐろ工房は、まるで大学で学んでいたことの実践場のようでした」

生きることそのものが「仕事」

主宰者の大坪葉子さんは松岡さんにすべてを任せ、自由にやらせてくれたというが、そこには障害者をめぐる当時の事情が大きく影響していたのだろうと松岡さんは振り返る。

「『知的障害の子を持つ親にとって、他人に子どもを任せる＝何が起きても受け入れるということなんです』と言われたんですよ」

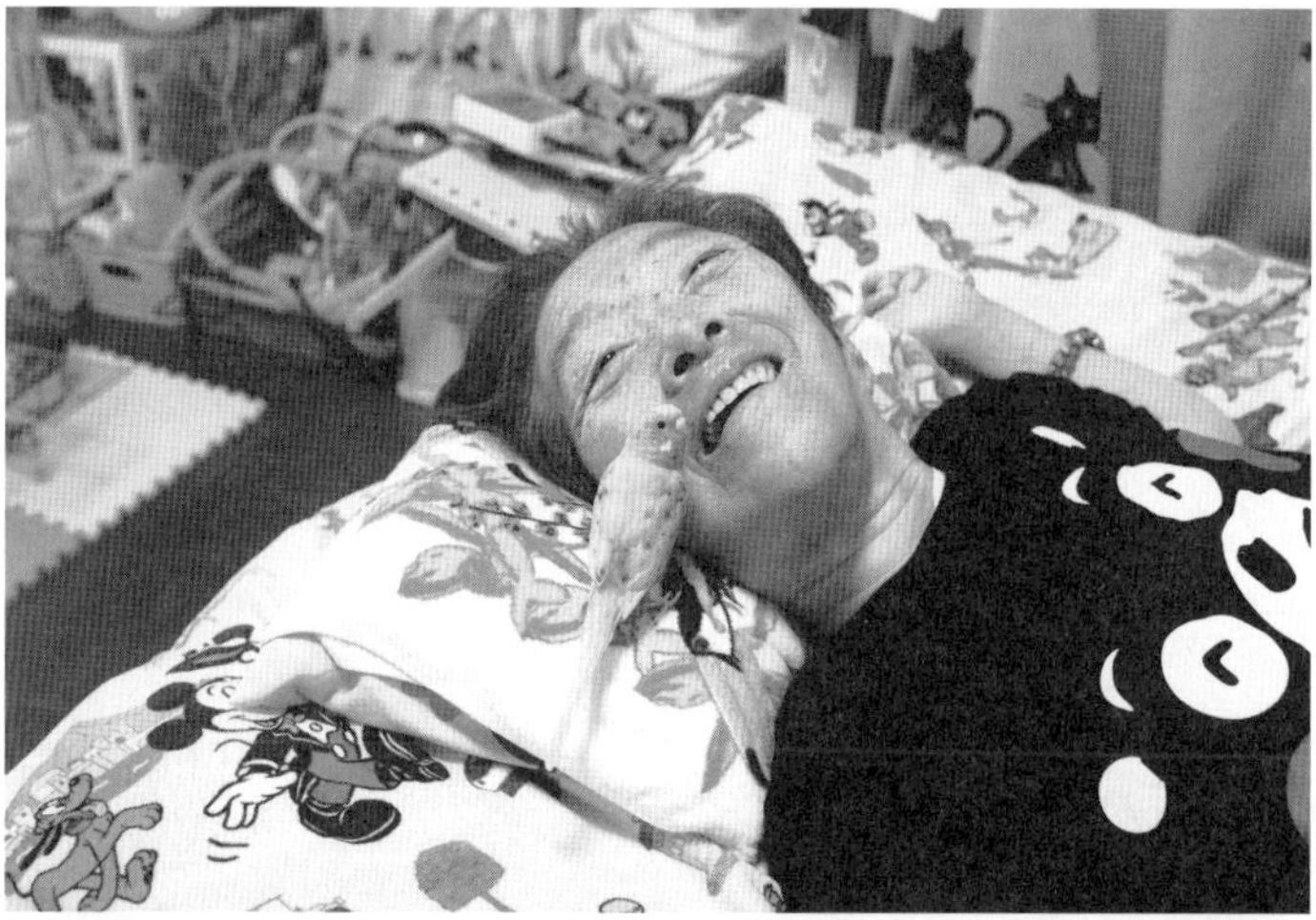

上：佐藤美咲子さん。愛鳥のインコ「ミッキーちゃん」と自宅で
下：ほにゃらの事務所裏で、写真展用の撮影に応じる大坪洋人さん

介助制度がまだ存在せず、障害のある人が地域で暮らすことが一般的でなかった時代だ。障害者が安心して暮らせるのは施設という考え方も今よりずっと強かった。介助はボランティアが主で、技術も一定していなかった。

「そんな中で素人の僕にサポートを任せるのですから、相当な覚悟があったのだと思います。でも、僕も若かったから、任せると言われて、『じゃあ、自由にやっちゃっていいんですね』と受け取っちゃって」

こうして松岡さんの試行錯誤の日々が始まる。勤務は、火・水・木の三日間。勤務日に何をするか、仕事内容は決まっておらず、介助者は善意のボランティア。まったく人が集まらない日もしばしばあった。

「ボランティアが集まらず、昼から布団の中で、でれーっとなってる非生産的な日もありました。(佐藤)美咲子さんと(桜井)憲子さんの『今日何するー？　お昼どうしようかー』『どーしよー』みたいなおしゃべりだけで午前中が終わったり。僕は最初、事務をやればいいと思って入ったんですけど、すぐにそれだけじゃダメなんだろうと気づきました。自分が何をすべきか、仕事そのものを考えなければいけない。何もないけど好きなことはいくらでもできるという状況でした」

当事者と向き合いながら、自分には何ができるのかを、松岡さんは考えた。とくに印象的だったのが、自閉症のある大坪洋人さんとのかかわりである。自閉症の人と日常を共にすることは、松岡さんにとって人間観が一変する体験だったという。

「初めは全然、相手にしてもらえませんでした。どうすれば彼に近づけるのか。挨拶をして、少しだけ話しかける、というのを毎日繰り返していました」

あるとき、大坪さんが隣家へロケット花火を打ち込むという事件が起きた。それも一度ではなく、何度もである。花火を打ち込み、「ざまあみろ！」と叫ぶ大坪さんに、隣人は激怒。そのたびに松岡さんは謝りに行ったという。ときには一人で、ときには大坪さんと二人で。

「隣の人は洋人さんを見て、『こいつに話してもわかんないよな』という態度だし、洋人さんも謝らない。二人で一緒に怒られたあと、『洋人さん、なんでこういうことしたの？』って気持ちを聞く。そういうことの積み重ねの中で、徐々に洋人さんが話をしてくれるようになったんです。『こいつだったら、話してもいいか』と思ってくれたのかな。そのうち、めちゃくちゃ話せるようになって、もう二五年もつきあいが続いています」

「まぐろ工房」での自分の仕事とは何かを考えるうちに、松岡さんは自然と「大坪さんの仕事とは何か」を考えるようになっていった。そこで思いついたのが、全国紙三紙から障害に関する記事を切り抜き、スクラップブックを作ること。松岡さんが該当する記事をペンで囲い、大坪さんがそれをハサミで切り抜いて、A3用紙に貼り付け、見出しを書く。出来上がったスクラップページを印刷し、フリーマーケットで売ってみると、興味を持つ人が次々と買ってくれた。

「今でいう『まとめサイト』みたいなものですね。洋人さんも、結構ハマってくれました」

障害のある人たちにとって、仕事とは何なのか。大坪さんたちの様子を通して、松岡さんの目は次第に開かれていく。

「文芸の同人誌を作っている高橋有男《ありお》さんという方が工房で活動していたんですが、彼は『生きることが仕事』だっていうんですよ。障害のある自分たちにとって仕事とは、世の中でいわれる『働いてお金を稼ぐこと』ではなくて、『生きることそのものが仕事』だ。そう考えればいいんじゃないかって。自分たちの生きる姿を晒すことで、世間にインパクトを与え、社会を変えていく。それこそが、自分たちの仕事なんだ、と」

こうした日々の生活を通じた当事者とのやりとりを経て、松岡さんは「みんなでどんどん社会に出ていけば、世の中を変えていけるのではないか」という思いを強くしていった。

つくば市で生まれた障害者支援のネットワーク

松岡さんが「まぐろ工房」での活動を通して障害のある人たちの存在について深く考えるようになったように、一九九〇年代半ばのつくばでは、障害者や支援者たちによる活動が立ち上がり、その後の自立生活センター設立にもつながる機運が巻き起こっていた。

斉藤さんの「波紋の会」とともに、「これは重要です」と松岡さんが念を押したのが、前章でも触れた、筑波大学や県立医療大の学生らによる自立生活支援を目的とした学生団体「障害者の自立生活を実現する会（実現する会）」である。

「実現する会」の前身は、斉藤さんがつくばに来る三年前の一九九一年に筑波大生が立ち上げたあるグループだ。立ち上げのきっかけは、徐々に筋力が弱っていく筋ジストロフィーを患う若い男性から、八年間暮らしてきた施設を出て、自立生活をしたいと願いを聞いたこと。他人に管理されず自由に暮らしたいと願う、男性の思いに共感した学生たちがグループを結成、彼の夢を実現するため、二四時間の介助に必要なボランティアを集め、アパートを探すなど、自立生活を始めるために必要な準備を整えたのである。

翌九二年、男性は無事、つくば市内で自立生活をスタートさせた。しかしわずか一か月後、体調を崩し、肺炎がもとで亡くなってしまう。周囲から非難の声も上がったが、学生たちはくじけなかった。男性が生前に語っていた、「自分の生活が軌道に乗ったら、自立を目指す他の障害者を援助したい」との思いを受け継ぎ、自立生活を望む他の人たちの暮らしを支えることで、彼の夢を叶えようと考えたのである。そうして立ち上がったのが、「障害者の自立生活を実現する会」だった。「若いかれらの熱意に、私も突き動かされました」と、松岡さんは言う。

その後、「実現する会」の学生たちは、土浦市とつくば市で長年自立生活を営んでいた脳性麻痺者で「茨城青い芝の会」の折本昭子さんと里内龍史さん、二人を支える支援者らと交流し、かれらの介助に入ることから活動を始めることにした。自立生活を支えるボランティアを集めるうちに、学生・市民・当事者間のネットワークが広がっていった。

ネットワーク拡大の拠点となったのは、実現する会が毎週土曜日に、つくば市内の公民館で開いていた「ミーティング」である。ボランティアや障害者たちが集まり、会の運営についてはもちろん、毎回一つのテーマについてみんなで話し合う。まだ学生だった斉藤新吾さんや彼を支える「波紋の会」のメンバー、松岡さんを含めた「まぐろ工房」のメンバー、さらに里内さんや折本さんといった自立生活の「ベテラン」たちも参加し、自らの体験を伝えていた。

「ミーティング終了後の飲み会も楽しみでした。斉藤さんの部屋に移動して飲むこともよくありました。みんなで筑波山でバーベキューをしたり、夏休みに三泊四日で合宿したり。誰が誰とつきあったとか、別れたとか、色恋話もありましたよ」と、松岡さんが当時を思い出す。

こうして障害のある人、ない人、さまざまな世代や属性の人たちがグループを超えてつながり、ワイワイ楽しく、しかし真面目に活動する中で、九〇年代後半、つくば市と周辺地域では「実現する会」を中心とした当事者と当事者を支援する若者たちのネットワークが充実していき、「自立生活」実現への機運が高まっていったのである。

松岡さんが初対面の宮本早苗さんから自立生活への思いを訴えられたのは、そのただ中のことだった。

宮本さんの自立生活三年計画

一九九六年三月、宮本さんから「一人暮らしをしたい」との告白を受けた松岡さんは、以来、毎月施設を訪問し、彼女と話し合いながら「自立」への道を模索した。
「早苗さんの意思は固かった。その一方で、施設は『そんなの無理だ』と取り合ってくれないし、お母さんにも賛成してもらえませんでした」

まずは親の納得が必要だと感じた松岡さんは、何度も宮本さんの実家に通い、説得を試みたが、うまくいかない。どうすればいいのだろう。悩む松岡さんの脳裏にある日、「まぐろ工房」のメンバーで宮本さんの幼なじみ、桜井憲子さんの顔が浮かんだ。ちょうどその頃、桜井さんも一人暮らしがしたいと望んでいたのだ。宮本さんと桜井さんの親は友人同士。宮本さんの母親とは、幼児期から知る桜井さんのことを、下の名前で「のんちゃん」と呼ぶほどの間柄だ。
「早苗さんのお母さんのもとに通うち、『のんちゃんがうまくいったら、早苗もやっていいよ』と言ってくれるようになったんです。お母さんのこの変化は見逃したくありませんでした。まずは憲子さんの一人暮らしを実現しよう、と決めました。憲子さん自身も『私が自立生活を始められたら、早苗さんのことも手伝ってあげてほしい』と言ってくれていました」

こうして松岡さんは、桜井さんの自立生活の準備を進める傍ら、宮本さんの生活をサポートする支援者を増やす活動も進めていく。最初の一年間は、施設に通って宮本さんの話を聞き、帰省の際にはともに実家を訪れ、本人、家族との関係構築に奔走した。タイミングが合えば、「実現する会」にも宮本さんを連れて参加し、つくばで活動するみんなに紹介していたという。

桜井憲子さんは一年後の九七年四月につくば市春日のアパートで一人暮らしをスタートさせ「自立」を実現した。「実現する会」内には、桜井さん専用の学生介助ボランティアグループ「チーム憲子」が結成され、若者たちは新しい取り組みに意気込んでいた。ちなみに「実現する会」ではその後も障害のある人の自立が実現するたびに、「美咲子の会」（佐藤美咲子さん）、「ASK〈阿見（Ami）で早苗（Sanae）と暮らす（Kurasu）会〉」（宮本早苗さん、いずれも九九年）という二〇〜三〇人の学生を中心とした、専属の二四時間介助ボランティアチームを発足させていった。

最初の目標だった桜井憲子さんの一人暮らしを実現させた松岡さんたちは、いよいよ宮本さんの自立を目指し、具体的に動き始めていく。まず強化したのは、宮本さんと「実現する会」の関係である。一人暮らしをするにはたくさんのボランティアが必要だからだ。

「本人が発する訴えほど人を動かすものはありません。そこで早苗さんには毎月『実現する会』のミーティングに参加し、多くの人に会って、自分の気持ちを伝えてもらうようにしました」

一人暮らしをする場所も懸案事項だった。つくば市ではすでに斉藤さん、桜井さんが自立生活をしており、さらに佐藤美咲子さんも始めようとしているところだった。介助ボランティアの人数には限りがあり、宮本さんがつくば市で暮らした場合、集まらない可能性が高い。松岡さんと宮本さん、「実現する会」のメンバーが話し合う中で白羽の矢を立てたのが、阿見町である。宮本さんの地元から近く、家族も近くに住んでいる。「実現する会」のメンバーの一部が所属する茨城県立医療大学もある。宮本さんの一人暮らしの先は、阿見町に決まった。

「まずはアパートを借り、早苗さんには毎月数日間、『外泊』という形で施設を出て、アパートで宿泊体験をしてもらおうということになりました」

施設の了解を得るのは大変だった。宮本さんの暮らす施設の寮長は「親の同意がなければ外泊は認められない」の一点張り。しかし、当初「そんなの無理、あんたのわがままだ」と言っていた宮本さんの母親の気持ちは、桜井さんの自立生活実現で大きく変わっていた。

「憲子さんのお母さんが『うちの娘ができたんだから、早苗さんも大丈夫』と言ってくれていたみたいです。また、こちらの熱意も伝わったのだと思います。『そこまで早苗のことを思ってくれる人がいるなら、任せてみようかな』と思ってくれたんですよね。施設には『お母さん、騙されてないですか？』と言われていたかもしれませんが（笑）」

一年に及ぶ「外泊」による宿泊体験を経て、一九九九年三月八日、宮本早苗さんはようやく施設の外で一人暮らしを始めることになった。その日、松岡さんと「実現する会」のメンバーらは、社会福祉協議会から借りた車椅子が乗れる福祉車両で施設へ向かった。宮本さんを連れて施設を出るときにかけられた言葉が、今も忘れられないと松岡さんは言う。

「『亡くなった人以外で、ここを出る人は初めてですよ』と言われたんです。それは強烈な言葉で、なんかすごいことをやったんだな、という気持ちになりましたね」

宮本早苗さん、桜井憲子さんら当事者が勇気を持って一歩を踏み出し、その思いに触発された若者たちが奔走して築き上げた「自立生活」の基盤は、こうして「ほにゃら」に引き継がれていった。

［注］

＊1……曽和信一「障害学とカルチュラル・スタディーズについての一考察」『四條畷学園短期大学紀要』四四号（二〇一一年）より

＊2……**ひまわり教室**　障害当事者の中島静江さんが谷田部町（現・つくば市谷田部）の自宅に近隣の障害児を集めて開いたのがはじまりで、その後、成田澄江さんが引き継いだ。

＊3……視覚・聴覚障害者は、戦後まもなく段階的に義務教育課程に組み入れられ、一九四八年に盲・聾学校への就学が義務化されていた。

＊4……実はこの二人の「出会い」は、「再会」だった。施設に入る前、子どもの頃に宮本さんは、のちにほにゃらで一緒に活動する幼なじみの桜井憲子さんと一緒に、成田澄江さんのひまわり教室に通っていた時期があったのだ。ほにゃらの立ち上げメンバーである佐藤美咲子さんも、幼少期、ここに通っていた。

＊5……**水戸事件**　一九九五年、茨城県水戸市の段ボール加工会社で発覚した暴行・強姦事件。知的障害のある従業員に対し、社長が暴力、性虐待を繰り返していた。野島伸司脚本によるＴＶドラマ「聖者の行進」のもとになった。

［参考文献］

茨城青い芝の会「大いなる叫び　茨城青い芝の会の障害者解放運動」二〇二一年

［介助者のつぶやき］介助に発生する磁場——尾和忠直さん

一九九五年に愛媛の高校を出て筑波大学に進学しました。二年生のとき「障害者の自立生活を実現する会」にかかわったのが、今に至るきっかけです。

筑波大生たちがつくば市内のアパートで筋ジストロフィーの青年の自立生活を支援し始めたのは、僕の入学前のことです。結局、その青年は体調を崩してまもなく亡くなってしまうのですが、学生たちは「これでよかったんだろうか」と悩みつつ、「自分たちは本人の意思を尊重したんだ」と総括して、その後も「実現する会」として活動を続けていった。

その話を聞いた僕は、「大学生で人の生死にかかわるような活動をするなんて、なんという熱量だろう！」と衝撃を受けるとともに、強く惹かれました。今なら大学生にそんな相談、絶対にしませんよね。病院のソーシャルワーカーの仕事ですよ。

学生時代は、沖縄の米軍基地移転問題に関する学習会に誘われたのをきっかけに、社会運動に参加していました。そこで出会った人から「青い芝の会」の集まりに誘われて、「茨城青い芝の会」の里内龍史さんと知り合い、里内さんの介助に入るようになったんです。大学三年の終わり頃からは、大学の一学年上の斉藤新吾さんの介助にも入り始めました。里内さんの介助は、二〇二二年に里内さんが亡くなるまでの約二五年間行っていました。

里内さんは、不思議な魅力のある方でしたよ。そこまでメチャクチャでもいいんだ、と思える方でした。九〇年代、すでに学生運動の感覚が遠くなっていた時代に、自分が生き抜いてきた七〇年代のノリで喋るから、世代の違う学生たちから浮いちゃうことも多かった。それでも里内さんはお構いなし、同じことを言い続けていましたね。

僕みたいな運動をやってるやつは「こいつは脈がある」と思うのか、何度も誘ってくれるんですよ。東京で集会なんかがあるときに、介助依頼の電話が来る。行き先は、青い芝の会やほかの障害者団体の集会だったり、反戦集会だったり。テーマは忘れましたが、厚労省交渉や国会前抗議行動なんてのもありました。こっちも学生で暇なので断りづらくて、自宅に迎えに行って一緒に東京に行き、飯をおごってもらって帰ってきていました。

土浦駅や柏駅でチラシ配りもやっていましたね。自宅から駅まで車椅子を押して、車椅子の足元に看板を置き、旗やチラシをセットする。準備が終わると「〇時間後にまた来てね」と言われるから、終わった頃に迎えに行く。いろんなところに連れていかれましたし、原稿書きや、人前での代読もよく手伝いました。あれが里内さんなりの仲間の増やし方だったんでしょうね。

そんな出会いもあって、学生時代は社会運動と介助中心に過ぎていきました。金になるわけでもないことに一生懸命になっていた、僕にとって青春時代そのものです。楽しかったことも未熟だったところも、思い出すと懐かしいですね。

卒業後も就職はせず、運動をやりながら、斉藤さんたちが二〇〇一年に立ち上げた「自立生活センターほにゃら」のアルバイトとして、里内さんや斉藤さんの介助を続けていました。立ち上げから一年半くらいしたとき、どどっと人が辞めた時期があったんです。その一方で、立て直そうという人もいた。その状況を見て「俺もやってみよう」と決心し、〇三年に職員になりました。

ちょうどその年に支援費制度*1ができて、支給時間数が一気に増えたんです。*2当時の僕は、封筒の宛名に書く「御中」の意味も知らないような、ビジネスマナーゼロの素人でした。学生時代からつながっていた他のメンバーも僕と同様に、学生時代のバイトの延長で仕事を始めていた。そんな若者たちが、若さと体力だけを武器に、制度変更で増えていく事務作業と日々格闘していました。仕事のあとにみんなで事務所で酒飲むのを楽しみにしつつ、「教えてくれる上司がいればいいのにな」なんて思っていましたね。

障害者運動の強みは、「そこに介助を必要としている人がいる」ことにあると思います。社会運動って続けるのが難しくて、気がつくと自然消滅している運動も多い。でも「介助」には磁場のような強い接着力があって、雲散霧消しないんです。やめられないともいえますけれど。理屈や思想に止まらない「実態」が目の前にあるから、運動や活動の結果、制度化が進む。そうして目に見えて社会が変わっていくんです。

当時は毎日が大変でしたが、今振り返ると、ああいった経験ができたのは、幸せなことだったと思います。

おわ・ただなお

1976年、愛媛県大洲市出身。介助コーディネーター。妻と小学生の2人の子どもとの4人暮らし。休日に子どもとゲームをするのが楽しみ。

［注］

＊1 **支援費制度** 市町村から支給される支援費を使い、身体・知的障害者自身が必要なサービスを選択し、事業者と対等な立場で契約する制度。それまで行政がサービスの利用先や内容などを決めていたが、これによって障害者の自己決定が可能になった。利用者の急増に伴う財源不足や、精神障害者が対象外など問題点があり、〇六年に障害者自立支援法へ移行。一三年には障害者総合支援法に改正された。

＊2 居宅介護、デイサービスなどの福祉サービスを一月で利用できる日数・時間数（支給時間数）には制限があり、個々の利用者の障害の度合いにより、サービスの種別ごとに行政が決定する。厚労省によると、二〇〇一年に月に八三時間だった一人あたりの全国平均利用時間は、支援費制度施行の〇三年には一三五時間へと増加した。

4

受け取った「自立生活」のバトン

栗山朋美さん

「栗山さんが、まちの清掃活動をしてるの知ってますか？　頑張っているので、写真撮ってあげてくださいよ」

ある日、ほにゃらの事務所を訪ねると、休憩スペースでくつろぐ斉藤さんからこんな言葉を向けられた。

栗山朋美さんは、脳性麻痺による障害の当事者で、ほにゃらのイベントでよく顔を合わせていた。僕と同い年の一九八〇年生まれだと聞いて親しみも感じていたが、口数少なく物静かな印象の栗山さんとは、会話のきっかけを持てずにいた。そんな栗山さんが、数年前から自主的に自宅周辺のゴミ拾いを続けているという。これは接点を作る良い機会になると思い、二〇二二年一〇月のある日、近所の公園に電動車椅子で向かう栗山さんに思い切って同行した。

晴れているが、風が冷たい午後三時頃。栗山さんは出がけにジャケットを羽織り、スカーフを巻いた。この日もいつものように、ほにゃらから派遣された介助者が来ていた。

自宅から約二〇〇メートルのところにある公園では、子連れの女性や、学生風の若者数人がくつろいでいた。地面の芝生は冬に向かって茶色く枯れ始め、周囲の木々も葉を黄色く色づかせている。

栗山さんは車椅子を進め、路上のゴミを見つけていく。遊歩道に敷かれた石畳の隙間、車道との境目、枯れ葉が積もる木の根元など、立ち止まらないと見落としてしまうようなところに、タバコの吸い殻、おにぎりの包み、アイスの棒、空き缶、ビニール袋に入った空の弁当箱などが落ちている。ゴミを見つけた栗山さんが細い指先で差し示すと、介助者がそれらを拾っていく。僕は、真剣な目であたりを見渡す栗山さんにカメラを向けつつ、ゴミ拾いも手伝う。三〇分もすると、持参した大きめのレジ袋はいっぱいになった。

「今日はこのへんにしましょうか？」と声をかける介助者に、栗山さんは「そうですね」と清々しい声で答えた。

公園から五〇〇メートルほど行くと、ほにゃらの事務所だ。栗山さんのアパートは、事務所と公園の中間地点にある。この一帯の、「歩ける範囲」が栗山さんのゴミ拾い範囲。ほにゃらのスタッフも、天気と都合によっては一緒に拾いに行くという。

作業を終えた栗山さんが介助者と並んで自宅へ戻っていく。柔らかい日差しを受けるその後ろ姿に向けて、僕はもう一度シャッターを切った。


栗山さんが天久保地区で自立生活を始めたのは、二〇一七年一〇月、三七歳のとき。

「自立生活を始めてからずっと、自分には何ができるのかなと考えていました。自分が暮らすまちにかかわれることがしたいなって。私には、大きくこれがしたいとか、遠くに行きたいとかはありません。そういうことよりも、こういう普通のことがしたいんです」

ゴミ拾いを始めた理由を聞くと、心の奥にある思いを丁寧に掬い取るように、繊細な声で言葉をつないでくれた。

かつては、今住むアパートから数キロ離れた同じつくば市内の実家で暮らしていた。およそ築三〇年のその家は、当時にしては珍しい、段差がなく、廊下の広いバリアフリー住宅だ。栗山さんが中学生のとき、車椅子でも暮らしやすいようにと両親が建てたという。

三つずつ歳の離れた妹と弟が家庭を築いて家を出たあとも、絵を描くことが好きな父親と、元気で明るい母親との平穏な暮らしを送ってきた。そのままでも、何不自由なく暮らし続けることができただろう。それなのに、栗山さんはなぜ自立への一歩を踏み出したのか。その理由が知りたくて、僕は再び栗山さんを訪ねることにした。

二階建てアパートの一階の奥、栗山さんの部屋の玄関前には、木製のスロープが設置されていた。チャイムを鳴らすと、中から介助者がドアを開けてくれる。キッチンの奥の居間に、車椅子の栗山さんがいた。窓から差し込む柔らかな光がメガネをかけた横顔を照らしている。

壁には月の予定が貼られていた。日中は週二日、二〇年前から通っている市内の福祉センターで販売用の手芸品を作ったり、レクリエーションに参加したりして過ごしている。それ以外の時間は、ほにゃらの介助者が朝七時から夜一〇時まで栗山さんの生活をサポートする。ほにゃらの活動に参加することもあれば、買い物や美術館へ出かけたりもする。休日はFMラジオを聴きながら部屋で過ごすことが多いという。お気に入りのラジオ局は、NACK5とBayFM。

部屋には大きなホワイトボードがあり、甥っ子の写真や栗山さんの描いた絵が飾られている。

複数の色の絵の具を厚く塗り重ねた、立体感のあるタッチ。麻痺の少ない右手を使って描くという。絵画は父親のすすめで、小学生の頃から学び続けている。今も毎週市内の教室に通っていて、いくつもの受賞歴を誇る腕前だ。部屋の机に置かれた使い込まれたパレットや、サイズの違う筆がぎっしり入ったペン立てが、栗山さんの絵への思いを物語っている。ちなみに、ほにゃらの看板には、栗山さんが描いたほにゃらメンバーの並ぶ絵が使われている。

介助者が栗山さんの前に椅子を出してくれた。僕が腰掛けると、「何を話せばいいのかなって、考えていました」と、栗山さんがつぶやくように言い、少し間を空けてこう続けた。

「(自立生活に）思い切ったのは、亡くなられた宮本早苗さんを自分に置き換えたときに、自分は何をしていたんだろう、と思ったからなんです」

メガネの奥の目は、緊張しているようにも、自分のことを話すのを楽しんでいるようにも見える。栗山さんの小さな声を聞き漏らすまいと、僕は椅子を近づけた。

「一歩ふみだせば、次の一歩もふみだせる」

栗山朋美さんが生まれた当時、転勤族だったつくば市出身の父親の仕事の都合で、一家は茨城県石岡市に住んでいた。母親のツヤ子さんは、石岡市から五〇キロほど離れた鹿島市の実家での出産を考えていたが、早期破水し、救急搬送された石岡市内の病院で栗山さんを出産する。

体重はわずか一六〇〇グラム。とても小さな体だった。

二歳の頃から車椅子を使い始めたが、石岡では、健常児とともに地域の保育園に通った。当時はまだ肢体不自由児が保育園や幼稚園に入る例は少なく、受け入れ先を探すのに苦労したという。小学校は、水戸の養護学校へ。つくばへの転居をきっかけに、中学三年のとき、下妻養護学校へ転校する。養護学校での日々は穏やかだった。

「クラスは少人数だったけど、同世代の人と一緒だったので楽しかったです。割とのほほんとしていたかな」

学校から帰宅すると、いつも絵を描いていた。休みの日には、父親が運転する車で県内外の美術館に連れていってもらうのを楽しみにしていた。

学校卒業後、今も通う市内の福祉センターへ通い始めた。通所開始から約一年が経った二〇〇〇年五月、「栗山さん、こういうのがあるみたいだよ」と、職員から一枚のチラシを渡される。つくば市内で設立を目指す、自立生活センターの設立準備会の案内だった。後の「ほにゃら」である。チラシには大きな文字でこう書かれていた。

「一歩ふみだせば、次もふみだせるのさぁ」

それに続く呼びかけの文章を、少し長いが引用したい。

皆様もご存じのとおり、障害者が地域生活をすることは決して簡単なことではありません。介助のこと、教育のこと、仕事のこと、交通のこと、性のこと、住宅のこと、全てが重大な問題です。しかし、さまざまな問題が山のようにある地域の中でも家族や仲間、愛しい人と一緒にいること、ときに大わらいし、ときに大げんかし、かなしみ、大さわぎをし、大めいわくをかけながら生活することを、喜びとし、幸せとし、このいとなみをやめるわけにはいきません。そして、誰にもこの営みを阻むこと、禁止することはできません。

これまで私たち障害者のことは、いわゆる専門家と呼ばれる人々によって決められてきました。その中には、決して私たちが望んでいない『施設生活』など多くのことがありました。このような状況に「NO」「いやだ」という障害者のこころみが始まり、「自分たちのことは自分たちできめる。自分たちのことは自分たちが一番よく知っている」を合い言葉に各地に障害者による障害者のための支援組織ができあがってきました。自立生活センターもそのような考えの上にたっています。私たちはここつくばにも自立生活センターをつくり、障害者が普通に家族や仲間とくらせる、誰もが安心してくらせる街作りのため活動したいと考えています。

準備会は、五月から翌年四月にかけて七回開催された。栗山さんも母親と一緒に参加し、斉藤新吾さんや宮本早苗さんが説明する「自立生活センター」の概要や、他の地域での実例話に耳を傾けた。カラフルな髪色の斉藤さんとアクセサリーを身につけおしゃれをした宮本さんの姿が印象に残ったが、このときの栗山さんにとって「自立生活」は、まだ遠い存在だった。

『ああ、こういう人たちがいるんだな』という程度でしかなかったんです。話を聞けば聞くほど臆病になってしまって、自分がやることは想像できませんでした」

ほにゃらはその翌年、二〇〇一年五月一九日に正式発足。栗山さんは、そのときから機関誌の発行作業やイベントへの参加を通じて活動にかかわり始める。しかし、それでもまだ「自立生活」を自分ごととして考えてはいなかった。

行動に移すなら、今だ。

活動を手伝いながら栗山さんの気持ちはゆっくりと変化していった。最も刺激となったのは、自分の気持ちをはっきり伝え、やりたいことをやりきる宮本早苗さんの姿であった。

「宮本さんは、常にどこかに突き進んでいる感じ。何に対しても『私はこうありたい』『これがしたい』という気持ちを隠しませんでした」

直接話をするというよりは、少し遠くから憧れの眼差しで眺める。それが栗山さんの宮本さんとの接し方だった。

ほにゃら職員で、栗山さんの介助コーディネーターでもある森下直美さんは、宮本さんに「朋美さん、自分の意志はちゃんと伝えなきゃダメだからね！」と強く諭され、落ち込む栗山さんの姿を覚えている。

ほにゃらの活動に定期的にかかわり始めて一〇年が経つ頃には、栗山さんの胸の内にも自立への思いが膨らんでいた。しかし、両親との安定した暮らしにも不満はない。自立して自分らしい生き方を模索するほにゃらの当事者たちを見ると、自分にかれらと同じようにできるのだろうか、と躊躇する気持ちが湧いてきてしまう。やってみたいけど踏み出せない。栗山さんはそんな自分が歯痒かった。

「みんなすごいな、でも私には無理だなと思っていました。自立生活は、学力や能力の高い人、積極的にものを言える人がすることだというのがずっとあって。私はそこまでいってないだろうなってウジウジしていた。度胸がなかったんです」

そんなときだった、宮本早苗さんが亡くなったのは。

ガンを患いながらも元気に活動にあたっていた宮本さん。亡くなる前週に事務所で顔を合わせ、いつもと変わらぬ様子に接していた栗山さんは、強いショックを受ける。まさかあれが最後になるなんて。「自分はこれまで何をやっていたんだろう」と不甲斐なさを突きつけられ、葬儀では周囲の人に心配されるほど泣き崩れたという。

「早苗さんは、精一杯、自分の人生を切り拓いていました。一方の自分は、ビビってばかり。このままではダメだ、行動に移すなら今しかない。今やらなかったら、私の人生は終わっちゃう。そう思ったんです」

栗山さんはついに介助コーディネーターの森下さんに「自立生活がしたい」と打ち明ける。このとき、三五歳。気がつけば、宮本さんが自立生活を始めたときの年齢を、一つ超えていた。

ついに自立生活へ

それまでの栗山さんは、自らの将来を漠然と諦めていた。

「心のどこかで、自分もいずれ施設に入るんだろうと思っていました。センター（栗山さんが通っていた施設）で、私より年上の方がショートステイなど一時的な施設の利用からそのまま長期入所に移行していくのを見ていましたから。両親が歳をとれば、私もそうなっていくんだろうな、そういうもんだろうなって」

栗山さんは、地域で自分らしい暮らしを形にしていくほにゃらの当事者たちとかかわる一方で、当たり前のように施設へ入所していく人たちとも日常的に接していたのである。自分だって後者の道を歩みたいわけではない。でも、「自立生活」をする人たちは、やっぱり「パラリンピックに出るスポーツ選手」のような異世界の人。「自分には無理だ」と言い聞かせ、決して望んではいない道へと進みかけていた。

宮本さんの死をきっかけに、栗山さんは「私が行きたいのは、施設ではない」とはっきりと自覚した。しかし同時に葛藤も抱き始める。それは両親とのことだ。

娘の自立生活への決意を、両親は当初、諸手を挙げて賛成してくれたわけではなかった。

「反対ではないけど『うーん』って。とくに父には『そこまでしなくても』という思いがあったみたいです。実家は同じ市内だし、バリアフリー設計。ホームヘルパーを使えば十分やっていけますから。説得材料として一番効果があったのは、自立生活をした人の親からの話だったようです。同じ立場の人の話を聞いて、『大丈夫なんだ』と思ったって」

どうにか両親の理解は得たものの、実際に自立生活をスタートできたのは、その二年後のことである。自立生活センターでは自立生活希望者にまず、「自立生活プログラム」を提供する。介助者とのあるべき関係、指示の出し方、金銭の管理、関係する制度のことなど、その人が目指す暮らしに必要な知識や技術を学ぶほか、実際にヘルパーを使って生活をしてみる「宿泊体験」を行い、本番に備えるのだ。

「私はいざとなるとどうしても『これ、続けられるのかな』とビビってしまい、『これでいけるぞ』と踏み切れないんです。その結果、二年近くかかってしまいました」

ようやく準備ができても、最後には「適した住宅を見つける」という難関が待っている。

障害のある人が賃貸物件を見つけるのは容易ではない。好みの部屋でも、入り口に段差があったり、車椅子で移動できるスペースが室内に足りなかったりして、断念することがほとんどだ。それらの条件がクリアされても、福祉機器を置くために室内に手を加える必要があり、家主の理解を得られないことも多い。ほにゃらが地域で活動し始めて二〇年以上が経つ今のつくばでも、この障壁は変わらず立ちはだかっている。

栗山さんはいくつか探した末、幸運にもほにゃらの事務所近くにアパートを見つけることができた。生活を支える介助者も、宮本早苗さんを支えていた人たちが担ってくれることになった。こうして長い準備期間を経て、栗山さんの自立生活は始まったのである。

広がる世界と変わる自分

好きなことを自分のペースでできると思った自立生活だが、実際に始めてみると、それまでの暮らしとの違いに戸惑うことも多かった。

「私は絵を描くのも、料理や部屋の片付けも、普通の人より時間がかかるので事前に段取りを組む必要がある。実家だと、そのほうが早いからって親がやっちゃうことが多かった。でも、一人暮らしではそうはいかない」

自立生活では、やりたいことはその都度、自分の言葉で介助者に伝えなければならないのだ。「自分」を表現しながら、暮らしを築いていく。それは栗山さんにとって初めての経験だった。

「経験不足なんです。普通の人が一〇代で経験しているようなことも、私は全然知らなくて。自分のことが自分でも理解できていないから、自分がどんなやり方をしてほしいのかを介助者に伝えるのが難しい。私は時間の感覚もおっとりしているので、ヘルパーさんとやり取りする中で組み立ててもらっています。どう補ってもらうのが介助者にとっても自分にとってもベストなのか、そこを掴むのは今でも難しいですね」

戸惑いの一方で、日々変わっていく世界を、栗山さんは楽しんでもいる。

「いい意味で、人とのかかわりが増えました。介助者には、年上の方や、自分よりずっと若い方など、いろいろな年齢の方がいる。筑波大学が近いので、出身地もいろいろです。私は茨城から出たことがありませんが、みんなの話を聞くだけで知らない世界を知ることができる。いろんな人と知り合えるのも、自立生活の面白いところです」

毎週通う絵画教室も、栗山さんの世界を広げる大切な場所の一つだ。講師を務める画家の上渕翔さんは、「実現する会」で活動していた元筑波大生。栗山さんが以前通っていた絵画教室が閉まってしまい、新しい教室を探していたことを知った斉藤さんが、紹介したのである。教室では、上渕さんとはもちろん、主婦から大学生、小中学生までさまざまな年齢層の受講生との交流が刺激になっているという。

「他の人の作品を見ると、次はこういうの描きたいな、とかアイディアも浮かびます。私も家庭を持っていれば子育てをしている年齢ですが、それがなくても、外に出れば違う世代の人と話すことができる。人としゃべると、知らないことをたくさん知れるんですよね。自立生活がなければ、人とのつながりを広げることはできなかったと思います」

両親と暮らしていたときも外に出かけ、いろいろな体験をすることはできたが、他人とのかかわりは両親を通じた間接的なものだった。自ら主体的に人間関係を広げ、世界を広げていくこと。それこそが、自立生活の醍醐味だというのである。

「出会いが増えるうちに、自分ってこう変わっていくんだ、と発見するようになりました。その変化についていけないこともあるんですけど、私自身が思いきり広がった気がします」

　そう話す栗山さんの表情は、華やいでいる。そして、穏やかにこう続けた。

「振り返れば、私は子どもの頃からいつも周りの影響を受けていて、自分自身で何かを始めたことがなかった。ほとんどのことは、誰かに『これもあるよ』と入り口まで連れてきてもらっていた。私が『これがしたい』と介助者に伝えて生活をしているなんて、今でも信じられません。やっぱり自分の思いや意思を汲み取ってくれる人がいるからこそ、私の生活は成り立っていると思います。他の人のように、自分で自立生活をやっているんだ、という強い表現は自分に合わないというか。周りのおかげ、自立生活をやらせてもらっているという感覚が強いです」

　栗山さんは、一言ずつ丁寧に言葉を選ぶ。表現は控えめだが、話が進むほどに言葉に力と明るさが増していくのがよくわかる。自分の生き方を変えた自立生活への思いがあふれてくるのだろう。今の暮らしへの思いをこう結んだ。

「こうなるとは自分でも想像していませんでした。いずれは施設にお世話になるんだろうなあと思っていた私にとって、今の生活は奇跡だから。いまだに『今日も（自立生活が）できてよかったなー』って感じ。この先『これがしたい』という目標があるというよりは、日々、一つひとつやっていけたらいいと思っています」

［親のつぶやき］娘が自立生活をするなんて――栗山ツヤ子さん

三七歳で自立生活をスタートさせた栗山朋美さんは、それまで家族に大切にされてきた。障害のある子どもを最も近くで支え、守ってきた母親の目には、「自立」していく子どもの姿はどう映っているのだろう。ここで、朋美さんの母親・ツヤ子さんの声を紹介したい。

一生暮らせる家を作った

つくばに家を建てて、朋美が中三になるときに越してきたんですよ。

完成までに六年かかりました。構想は私が練りました。方眼紙買ってきて、ああでもないこうでもないと素人なりに設計図書いて。当時は常にメジャーを持ち歩いて、いいと思う建物を見つけたら、すぐ寸法を図っていました。手すりは何センチがいいとか、どこのメーカーだとか。楽しかったですよね。

いつかバリアフリーの家を建てたいと思っていたんです。当時は段差のない家はありませんでした。限りなく段差をゼロにしたくて、業者さんに「ここゼロじゃないんじゃない？」と迫ったりして。とくにこだわったのは、浴室です。朋美の部屋から直接、風呂場に行けるような間取りにし、浴槽の底の蓋は鎖がないものにしました。朋美が鎖に足を引っかけてお湯が抜けることがしょっちゅうだったたんですよ。

あと、リハビリ。家でも歩行訓練ができたらいいと、全部の襖を開けると、家中を歩行器を使って一周できるようにしました。トイレも廊下も広く作っています。将来に向け、一人で料理も作れるようにと朋美の部屋にはキッチンも備えました。親戚に大工さんがいて、朋美のためならと、椅子に手すり、なんでも作ってくれました。いい人だったね。

朋美はここで一生を終えるのだと思っていましたから。

健常児と一緒に育てたかった

朋美は早産の上、仮死状態で生まれてきました。へその緒が身体に巻きついていたんです。二〇〇〇グラムになるまで二か月間、病院にいましたね。普通、赤ちゃんって仰向けにすると、自分の足を上げてしゃぶったりするのに、それがいっさいありませんでした。足は突っ張っているし、首もずっと座らなかった。変だなとは思いましたが、私は落ち込むよりなんとかしなくちゃ、という性格で。

脳性麻痺がわかると、水戸の「子ども福祉医療センター」に母子で入院し、平日は毎日リハビリ訓練を受けました。五、六組の親子がいたかかな。みんなで寝泊まりしているから、情報交換ができるんです。その後、水戸でのリハビリが物足りなくなり、探して見つけた東京・板橋の「整肢療護園」に六か月間、母子入院しました。子どものリハビリに加え、親の勉強会もあり、手当てや手帳など福祉制度の情報や、脳性麻痺者の特徴、車椅子の使い方なども教えてもらいました。関東各地から集まっていたので、親同士のネットワークが

できたのも心強かった。地元・石岡の「肢体不自由児の親の会」にも入会しました。

保育園・幼稚園も、全部自分で探しました。最初は近場を当たりましたが、公立はどこもダメでした。無理なのはわかっていましたが、こういう子もいることを知ってほしかったし、障害児も普通の子どもと遊ばせたかったんです。見かけた園には手当たり次第、足を運びました。

あるとき、石岡のある保育園の園長先生が「うちで受け入れてもいいですよ」と言ってくれて大喜びしました。そこは知的障害の子はいましたが、車椅子の子は初めてとのこと。私はとにかく、健常児と一緒に育てることが本人のためにも、周りの子のためにもなると思っていたので、受け入れてくれるだけでありがたくて。今なら、「障害のこと、もっと知ってほしい」と訴えるでしょうけれど、当時はそこまでは言えませんでした。

小学校は、スクールバスのある水戸の養護学校に入れました。リハビリの先生は「地元の学校に入れなさい」と言ってくれていたし、私もそうしたかったのですが、当時は小学校も車椅子の子は受け入れてくれなくて。夫が転勤族だったので、転勤したらまた一から学校を探さなくてはならない。それは難しかったのです。

うちでは、朋美を特別扱いはしませんでした。洋服も自分で着させていました。時間のないときは、私がやっちゃっていましたが。朋美は記憶力がよくて、幼少期のこともよく覚えているんです。「忘れたことは朋美に聞くといい」と家族で言っているほどです。家や車ではよく童謡のテープをかけていたのですが、それがすごく楽しかったようです。

まさか朋美が自立生活をするとは

あの頃はまだ制度もなくて、親たちはみんな頑張っていましたね。私自身、障害のことを勉強しようと、講演会のチラシを目にすれば聞きに行っていました。障害関係の催しには、なるべく朋美も一緒に連れていくようにしていました。

そんな中で、まだ一般的ではなかった「自立生活」を、つくばでは斉藤新吾さんがやろうと頑張っているという情報が入ってきて、「ほにゃら」が設立されることを知ったんです。準備会が行われたのは春日の公民館だったかな。筑波大や県立医療大の学生、障害のある子の親たちが来ていましたね。

でも、まさか朋美が自立生活をするとは思っていませんでした。せいぜいグループホームぐらいかな、と。以前、養護施設で働いていた経験があるからわかるんですけど、施設はやっぱり施設。時間は絶対に自由にならない。大規模施設はもっとかわいそうです。茨城県内で初めて民間のアパートを借りたグループホームが水戸にできたとき、見学に行ったことがあって、それでグループホームのほうがましだろうって。

ただ、うちにはバリアフリーの家がある。朋美には「親がいなくなってもここで暮らせばいいんじゃない」と言いましたね。高齢者にも介護保険を使って生活している人はいっぱいいるじゃないって。親が亡くなるまではここにいてくれるものだと思っていました。

本人は、早く自立したかったのでしょうね。独立していく弟や妹のことも見ていましたから。自分で口にはしなかったけれど、心では思っていたんじゃないかな。

設立当初からほにゃらの活動には参加していたけれど、本人が自立生活を始めたのは、だいぶ経ってからでしょう？　朋美自身、一歩を踏み出すのに時間がかかったのだと思いますが、それは親の私も同じでした。でも次第に私自身も、今じゃないとできないのではないかと思うようになって。

医療の進んだ最近では長生きする人もいますが、こういう子は基本的に短命です。今やりたいことをやらせてあげなければ、できないまま亡くなっちゃうんじゃないかと思ったんです。四〇歳を過ぎたら、先が短いかもしれない。朋美がやりたいと思うのなら、やらせたい。最近、親の会の仲間の子が毎年のように亡くなるんです。それを見ていて、後悔はさせたくないと。

子離れ、親離れ

子どもの頃から朋美は、やってもらうのが当たり前の生活でしたから、自分の思いと違うことを言われても、「しようがない」って諦める癖がついちゃってるのかな。「今日はこの服ね」と私が言っても、「この色嫌だ」とか「こっちがいい」と文句を言うことはありませんでした。決められたことに拒否を示せなかったというか。ほにゃらで介助者さんに支えられるようになって、自分を表現すること、頼むことを覚えたようですね。

自立生活のスタートにあたって、ほにゃら代表の川島映利奈さんからこう言われてハッとしました。「自立生活では、洗剤もシャンプーも自分で好きなのを選べるんです」と。

アパートにはそんなに行っていません。お米や野菜がほしいと言われるときくらいかな。親に心配かけないように頑張っていますね。ほにゃら自体が「本人が決める」という考え方ですからね。それはこちらとしては不満でもあるんだけど(笑)。部屋に行ったら見たことのないものがあって、「こんな大きいもの、どうしたの？」と聞くと、「壊れたから新しいのを買った」と言われて、そうか、いちいち親には相談しないんだな、自分のお金で買うんだからしょうがないか、と寂しさを感じたり。以前のように朋美のことを心配する必要がなくなって安心ですが、頼られなくなったのは寂しくもありますよね。

先日、朋美が絵で賞をもらったんです。それも人づてに聞いて。「じゃあ展覧会見に行こうかな」と言ったら、「もう終わっちゃいましたよ」って(笑)。本人からは事後報告でした。親よりも友達や同世代の人を頼るのが普通だとわかってはいるんです。今はきっと私たちより、コーディネーターの森下直美さんのことを信用しているんでしょう。

年末とお盆には帰ってくるし、誕生日や母の日、父の日にも気を遣って立ち寄ってくれます。本人も買い物や映画館・美術館など、いろいろと予定があるみたい。自由にやっているんだろうね。私が口出すことは、もうないですね。

ずっと私たち親が亡くなったあとの朋美のことが心配でした。「ほにゃら」ではすでに数人、お葬式を出していますよね。看取りもしてくれるのなら任せられるな、と今では安心しています。ほにゃらに任せておけばなんとかなるだろう、と思うんです。「親亡き後」を考えても、自立生活というのはありなのかもしれません。今のほにゃらの職員の人たちはみんな利用者思いなので、安心して任せられるけれど、次の世代も育ててもらいたいですね。みんな同じ世代でしょう？　全員持病持ちだから、いつ倒れるかわからない。それが心配ですね。

くりやま・つやこ
1951年、茨城県鹿島市生まれ。家庭菜園が趣味。最近は干し芋作りをさつまいも栽培から行っている。

5

自立生活を支えるということ

森下直美さん

「『どんな障害があっても地域で生きられる』という自立生活センターの考え方自体を、私は大事にしています」

ほにゃらで二〇年間、介助者として障害者の暮らしを支えてきた森下直美さんは、落ち着いた口調でまっすぐにそう言った。現在は介助コーディネーターとして当事者と密にコミュニケーションを取りながら、それぞれの状況と希望に合ったサポートを提供している。担当するのは、自立生活者二名を含む、ほにゃらの介助者を利用しながら、自宅や施設で生活している五人の当事者だ。

介助コーディネーターは、自立生活センターを裏で支える屋台骨のような存在だと、森下さんはいう。その仕事は大きく分けると二つ。

一つは、障害者自身が望む暮らしを実現できる環境を作ること。介助者との関係や、困りごとなど生活全般に関する相談に乗ったり、必要な制度を紹介し、状況に応じて手続き自体もサポートする。自立生活に慣れていない人に対しては、一日をどう組み立てればいいのか、時間割から一緒に考える。当事者の性格や状態を把握し、必要なサポートを個別に提供する。障害当事者の代表とともに、本人が自分らしい生活をしていけるよう日々の暮らしに伴走するのである。

二つ目は介助者への対応だ。介助者も、障害当事者との関係で悩むことはある。そうした人間関係を含めた仕事の中で起きる困りごと全般の相談に乗るとともに、毎月のシフト作成など関連する事務作業にあたっている。ほにゃらの職員は性別にかかわらず、子育てや介護に向き合う人が少なくない。家事と仕事の無理のない両立は重要命題だ。それぞれの状況を把握し、適宜相談に乗りながら、家庭の事情での急な欠勤にも対応できるよう環境を整えているという。「『自分の生活を実現するために、人の手を借りてもいい』と考えるのが自立生活。それは障害がある人だけでなく、健常者だって同じはず。せっかく自立生活センターで働いているんだから、介助者自身も人の手を借りながら働いていける方法を考える。『子どもが急に体調を崩したときはお休みしてもいいんですよ、堂々と子育てしながら働いてください』と伝えています」

介助現場の最前線で、当事者と介助者の双方に起きる、日々の四方山ごとに臨機応変に対応するのがコーディネーターの役割なのだ。

森下さんの誠実な仕事ぶりには、ほにゃらで活動する当事者や職員だけでなく、その家族からも大きな信頼が寄せられている。しかし、表に出て活動する当事者に比べると、決して注目を集める存在ではない。どんな気持ちで長年この仕事を続けてきたのだろう。そう僕が質問すると、森下さんは何かを思い返すように間をとりながら、丁寧に言葉をつないだ。

「障害のある人が『普通に』生活している姿が、地域の中に当たり前にあることこそ、インクルーシブな社会に直結するという確信があるんです。私はそのための環境作りにかかわっていきたい。誰だって、外の空気を吸って、道路に咲く花を見ながら生きられたらいいなと思いますから」

外の空気を吸って、道路に咲く花を見ながら生きられたらいい——これが、「インクルーシブ社会を作る」という大きな物語の最前線にいる人の使う言葉なのだ。大袈裟とはほど遠いその言葉遣いに、僕は大きな説得力を感じた。

「誰もが当たり前に、同じ地域で暮らすことができる」のがインクルーシブ社会だといわれるが、それが具体的にどういうことなのか、僕は掴みきれずにいた。

現場に立ち続けてきたからこそ見える風景が、森下さんの頭の中には広がっている。その景色を僕も見てみたい。そうすることで、ほにゃらの挑戦の真意に近づけるのではないか。こうして僕は、森下さんのインタビューを始めることにした。

森下さんが「自立生活」にかかわり始めたのは一九九八年。出身地の大分県から茨城県阿見町にある茨城県立医療大学に入学して間もない頃だった。大学で偶然手にした「介助ボランティア募集」のチラシに、心を惹かれた。それは、施設を出て一人暮らしを始める宮本早苗さんを支える介助ボランティア団体「障害者の自立生活を実現する会（実現する会）」のチラシだった。筑波大生が中心の「実現する会」だったが、宮本さんの介助には医療大生が専属であたることになり、新入生にも協力を呼びかけていたのだ。

「ちょうど支援者たちが、早苗さんの受け入れをめぐって阿見町と交渉している時期でした。もらったチラシには『空いた時間に、誰でも気軽にできる』とあり、私にもできるかも、と思ったんです。実際にやってみたら、全然気軽じゃなかったのですが」

当時を振り返り、森下さんは苦笑いを浮かべた。

「適当なかかわりで済ませておけば、もうちょっと違う学生生活だっただろうと思うんですけどね。でも、宮本早苗さんとの出会いは、私のその後の人生にとってとても大きな財産になりました。早苗さんにかかわることで、私は障害のことを知ることができたのですから」

「早苗さん一色」の大学生活

森下さんを介助の世界に呼び込んだ宮本早苗さんとの日々についてもっと知りたくなった僕は、二〇二二年一〇月、森下さんの案内で、宮本さんが暮らした阿見町を訪ねた。

霞ヶ浦に面した茨城県南地域に位置する阿見町は、つくば市から直線で約二〇キロメートルの距離にある。かつて同町は、特攻隊で知られる旧日本海軍パイロット養成施設の予科練が置かれるなど、日本の重要な軍事拠点だった。現在は自衛隊の土浦・霞ヶ浦駐屯地や県立医療大、茨城大学農学部があり、住宅地として開発が進む一方、広い農地を利用したレンコンやメロン、ヤーコンなどの栽培が盛んな農村地帯だ。

森下さんは現在、つくば市のほにゃらの事務所近くに住んでおり、阿見町を訪れるのは数年ぶりだという。まずは、記憶をたぐりながら、宮本さんが暮らしていたアパートに向かった。

周囲を農家や畑が囲む、空の広いのどかな地域。「医療大の先輩たちが一生懸命探した」という古い二階建てアパートは、今では空き部屋が多い。一階の一番奥が、宮本さんが暮らした部屋だ。車椅子で出入りするには玄関が手狭だったため、駐車場に面した掃き出し窓に昇降機をつけ、玄関代わりにしていたのだという。宮本さんは当初住んでいた町内の別のアパートからここへ転居し、亡くなるまでの一〇数年を過ごした。

「実現する会」の中で、宮本さん専用のボランティアグループとして立ち上がった「ＡＳＫ（阿見で早苗と暮らす会）」の中核メンバーとして活動するようになった森下さんにとって、宮本さんの自宅は「第二の我が家」というほど頻繁に訪れる場所だった。週に一度の宿泊介助に、夕方の介助が数日。緊急の呼び出しや交代、ミーティングなども含めると、ほぼ毎日行っていた時期もあったという。

何気なく始めたはずのボランティア活動が、瞬く間に生活のすべてになっていく。介助経験の浅い学生たちが、重度障害のある人の生活を支えるのだ。怒涛の日々になるのは仕方のないことだった。

「土日もフル回転。自動車免許の教習所講習のあとアルバイトをし、早苗さんの自宅などでのボランティアミーティングに参加して、そのまま介助に入るような日もあった。介助自体が初めてだったので、お風呂の入れ方も先輩に教えてもらいながら学びました」

自動車運転免許を取得して初めて買った車は、車椅子も乗せられる積載スペースの広いステーションワゴン。当時の出来事はすべて「早苗年《さなえどし》」で記憶していたという。

「西暦じゃ思い出せないんですよ。そのとき早苗さんが何歳だったかで覚えているんです。早苗さん一色の四年間でした」

障害者介助のリアルに触れる

ASKでは、医療大生を中心に、地域の主婦も加わり、多いときで二〇〜三〇人の男女が活動していた。しかし、そこは善意のボランティア、全員が常に稼働していたわけではない。

「常時動いていたのは一〇人くらい。シフトを埋めるのが本当に大変でした。穴を開けると早苗さんの暮らしが成り立たなくなる。『自立生活なんてやっぱできないじゃん』と言われたくなかったから、早苗さんの家族に頼るわけにはいきませんでした」

本気で宮本さんに向き合っていたからこそ、「所詮、学生のボランティア」とは言われたくなかった。森下さんの言葉には、ときおりそんな意地が見え隠れする。

現場で鍛えられたことの一つが、夜間の病院対応だ。宮本さんはある時期、夜間に体調を崩しがちになった。

「自立生活を始めた直後に体調を崩すというのはよくあることです。早苗さんの場合は、夜になるとお腹が痛くなる。原因は不明なのですが、病院で処置してもらうと安心するのか、一時的に治る。でもまた痛くなる。その繰り返しがしばらく続きました」

その都度救急車を呼ぶのだが、救急車には車椅子を載せられないため、帰りは誰かが迎えにいかなければならない。車のある森下さんがその役目を担うことになった。これが毎晩のように続いたのだ。

昼間は授業があるし、夜間介助がない日にはアルバイトなども入れている。ただでさえ忙しい日々の中、短い睡眠時間まで削られるのはキツい。ただ、それよりもキツかったのは、「自立生活」に無理解な周囲の目だったという。

「早苗さんは一人ではナースコールボタンも押せない。だから、入院中は介助者を入れさせてくれ、と病院と交渉したこともあります。そのたびに病院の人に、『なんでこんな重度障害の人がアパートで一人暮らししてるの？』って、怪訝な顔をされるんです」

森下さんたちが先輩から学んでいた「自立生活」とは、障害の当事者本人の意思を尊重し、当事者が「自分で選び、決めて、責任を取る」生活だった。だが実際には、理念や知識を応用するだけでは進まないことが多く、現場に入って初めて問題の根深さに気づく場面もあった。

子どもの頃から社会から隔絶された施設で暮らしてきた宮本さんにとって、目の前で起きるすべてのことは初体験。入院の仕方、お金の払い方、医療機関とのやりとりそのものが初めて直面することであり、それゆえ「自分がどうしたいか」や「どうすればいいか」がわからない。

状況は日々、目まぐるしく変化する。学生たちは早苗さんに相談しつつも迷いながら判断し、目の前の状況に対処することになった。

「こんなことになるなんて、誰も想定していなかったし、私もわかっていなかった。戸惑いは大きかったです」

森下さんをはじめ、学生たちがそれまで介助していたつくばの自立生活者たちは、大学生や、当事者として社会活動の最前線に立っていた人たちだった。そんな経験豊富な人たちと宮本さんの違いは、学生たちの想像を超えていた。

「かれらはちゃんと『あれはこうして』とか『こう料理してほしい』と、指示をくれるんです。一方、こっちはまったくの別世界。早苗さんはすべてのことに指示は出せなくても『自分の思いを叶えたい』という気持ちは人一倍強いから、かかわるのは一筋縄ではいきませんでした」

この経験から、森下さんは教育の大切さを痛感する。「障害のある人にとって、もっとも重い障害となるのは、教育を受けていないことだ」——ある障害当事者のリーダーから聞いた言葉が胸に突き刺さった。

「一一歳で施設に入所した早苗さんは、学校に行くことができませんでした。だから時計の読み方や簡単な計算など、小学校で習うことさえ抜けたまま三四歳になっていた。お金の計算が苦手だから、我慢せずにほしいものを買いすぎてしまい、トラブルになることもあった。一九七九年に養護学校が義務化されて以降は、それまで教育を受けられなかった重度障害のある人たちにも、訪問教育が行われてはいたようです。ただそれも週に一、二回、数時間程度ずつ。結局十分な教育を受けることはできなかったんです」

宮本さんにあったのは、身体の障害だけではなかったのだ。社会からの隔絶が経験を積み重ねる機会、教育の機会を奪い、そのことによる障害をも抱えざるをえなかったのである。読み書きに足し算、引き算、イヤイヤ覚えた九九や元素周期表に歴史年表。誰もが通ってきたと思われている道を、障害があるというだけで閉ざされた人たちがいた。先生との出会いや、集団生活ならではの同級生とのやりとりなど、抜け落ちた経験はどれほどのものだろうか。森下さんは、宮本さんとかかわる中で、障害者が置かれてきた環境にも向き合うようになっていった。

「自己主張しなきゃダメ！」

阿見町で次に向かったのは、当時、森下さんが暮らしていた県立医療大学近くのアパートだ。

「よく車椅子を押して、早苗さんと散歩をしました。ファミレスやスーパーに行ったり、大学に行ったり。下校時刻には、近所の中学生と挨拶を交わしたりもしましたね」

懐かしそうに周囲の風景に目をやりながら、森下さんが当時の様子を語ってくれる。

「早苗さんは毎年四月になると昼休みの医療大に来て、『介助に入ってください』って学生たちにアピールしていたんです。私は授業があるので、午後は一人で私の部屋で待ってもらっていました。その間に、近所の大家さんと仲良くなっていたこともありましたね」

夏には、つくば市周辺で自立生活をしていた当事者やボランティア学生らが集まり、福島や新潟などで合宿をするのが恒例で、学生の森下さんも毎年楽しみにしていたという。そんな夏合宿である年、事件が起きる。

「何やってんの！　なんでマットを敷かないの！」

夜、風呂場に大きな声が響いた。声の主は、地域の自立生活運動のリーダー的存在、折本昭子さんだ。折本さんは「茨城青い芝の会」でも長年活動してきた人。森下さんは週に一度、宿泊介助を担当していることもあり、この日も彼女の入浴介助にあたっていた。普段から料理を教えてもらったり、誕生日にはプレゼントを用意してくれていたりと、若い介助者である自分を気にかけてくれる優しい折本さんが、怒鳴っている……。森下さんは、何が起きたかわからず固まってしまった。

「その日、別のボランティアが早苗さんの入浴を介助していました。早苗さんは麻痺のせいで体がまっすぐ。私が介助に入るときもそうですが、洗い場に直に寝てもらい、ボランティア二人で頭や体を洗うんです。その日も早苗さんはタイルの床に横になっていた。それを見て、折本さんが激怒したんです。彼女が雑に扱われていると感じたんでしょうね。『宮本さんも、マットを敷いてほしいと言わないとだめだよ！　自己主張しないと！』って。その後の反省会はみんなでシーンとなってしまって……」

宮本さんにとっても、その日のショックは大きかったようで、その後はことあるごとに「自己主張しなきゃ！」と口にする宮本さんの姿を目にするようになったという。

後年、自立生活の「後輩」にあたる栗山朋美さんを、「ちゃんと自分の意見は言わなきゃダメだよ！」としばしば叱咤する宮本さんの様子を見るにつけ、森下さんは「折本さんからのメッセージを伝えようとしているのだな」と感じていたという。

「強く言われて栗山さんもしょげてましたけど、早苗さんなりに気にかけていたんですよね」

折本さんから宮本さん、そして栗山さんへとバトンを手渡すように自立生活を営んだ三人の女性たちを間近で見てきた森下さんは、しみじみとこう振り返る。

「早苗さんが亡くなったタイミングで、バトンは見事に栗山さんに引き継がれました」

ＡＳＫの解散と、残された挫折と無力感

ＡＳＫは二〇〇一年、森下さんが四年生のとき解散した。阿見町在住の学生たちだけで宮本さんの暮らし全体を支えるのは負担が大きく、限界があったのだ。次第に人が集まらなくなり、運営を回すことができなくなっていったという。

「私たちだけでは、どうにもならなかった」

森下さんは、苦しそうにつぶやいた。

「ちょっとどころじゃない、ものすごくショックでした。ああ、やっぱりダメだったんだ、と。早苗さんに申し訳なくて。無理ならやめれば、と言われることは何度もありましたが、私たちに離れるという選択肢はなかった。私たちがやめたら早苗さんの生活が成り立たなくなる。その光景が、明日から家にいられなくなる早苗さんの姿が、はっきり見えていましたから。みんなで頑張らないと、早苗さんの自立生活が崩れる。そう思ってやっていたのに」

「早苗さん一色の四年間」――自らの学生時代をそう表現した森下さん。宮本さんとのかかわりで最も感じていたのは、障害のある人たちと自分の属する世界の違いの大きさだった。

「あらゆることが衝撃的でした。私たちにとって普通のことが、早苗さんにとっては普通じゃないわけですから。一人暮らしにしても、早苗さんがやろうとすると問題だらけです。アパートは見つからない、周囲の理解もなかなか得られない。人がまちで暮らすというのは普通のことだと思っていたのに」

象徴的だったのが、宮本さんの自立生活スタートに際し、阿見町で行われた「サポート調整会議」だ。集まったのは、役場の職員とASKの学生、そして宮本さんの家族。「ここで一人暮らしをするのはリスクがある」「施設にいたほうが安全だ」といったネガティブな意見が次々と飛んでくる。「早苗さんが阿見町に住むということだけでも、こんなに大変なのか」。ボランティアに加わったばかりの森下さんはそのやりとりに愕然とし、「どうにかして早苗さんの自立生活を実現させたい」と心に決めたという。

森下さんはその後も、介助ボランティアの活動を通して、何気なく感じていた自分にとっての「普通」や「当たり前」が、決してあらゆる人に通じるものではないことを思い知らされていった。

「そうした壁をできる限りなくすために私たちは早苗さんを支えていたはずだったのに、うまくやれなかった。それがやっぱり悔しかったし、申し訳なかったです」

森下さんの口調は一貫して落ち着いていたが、その静けさからは当時の彼女の悔しさがかえって強く伝わってくる。

歯を食いしばりながらも、ボランティアとして精一杯、一人の人と向き合い続ける学生時代の森下さんは、きっとイキイキと輝いていただろう。あふれる若いエネルギーを宮本さんに注ぎ続けた森下さんの姿を想像した僕は、眩しさに思わず目を細めた。

当時、つくば市では「実現する会」が、他の自立生活をする障害者を支えていた。しかしSNSもない時代。阿見町とつくば市の間の二〇キロメートルという距離が、忙しい両者の間を隔てていた。情報共有は希薄になり、阿見町で暮らす宮本さんと学生たちは孤立していった。実際、つくばの支援者たちには、森下さんたちの困難さは正確に伝わっていなかったのである。

話し合いを経てASKは解散。宮本さんの介助のバトンは、「実現する会」のボランティアに引き継がれ、のちに設立まもない「ほにゃら」へと手渡されていく。

介助を仕事にするということ

その後、大学を卒業した森下さんは、二〇〇一年四月、発足から一年を迎えていた「ほにゃら」に介助職員として就職する。もっとちゃんと宮本早苗さんとかかわりたい。それは、責任感が強く、負けず嫌いな森下さんにとって、自然な流れだった。

「四年間の介助でうまくいかなかったことを、そのまま終わらせたくなかったんです」

学生ボランティアとして宮本さんの自立生活にかかわる中で、ボランティアでやれることには限界があると感じていたという。学生時代の介助にも、多少の経済的補助はあった。夜間介護のときは、宮本さんが受給する生活保護から「他人介護料」[*1]を一泊につき三〇〇〇円程度を受け取っていた（のちに五〇〇〇円に）。しかし、とても生活ができる金額ではない。

「家庭を持っていたら、到底続けられませんよね。私たちもみんなバイトと掛け持ちでやっていました。生活のかかっていない学生しか介助を担えなかったんです」

一方で、「自立生活センター」であるほにゃらでは、団体の事業として、一人の人の暮らしを支えることができる。

「人を雇えるほにゃらの価値が、すごくよく理解できました。そのことによって、早苗さんは安定的に介助を受けられて、地域で生きていくことができるわけですから」

森下さんは同時に、自立生活センターの理念にも、惹かれていた。

「人を大事にする、という考えが根底にあるんです。当事者の権利と生活を守ることはもちろん、その暮らしを維持するのに必要な介助者の生活を守ることも大事にしている。誰のこともおろそかにしない。その基本理念は大切だと思っています」

しかし、実際に働き始めると、理想ばかりではやはり回っていかない。人手不足が解消することはなく、当事者が生きるための最低限の介助を確保するために奔走する日々は続いた。森下さんは仲間とともに宮本さんの生活をどうしたら充実させられるかを考え、彼女が孤立しないよう、他の当事者やスタッフとの交流の機会を増やすなど、改善を重ねていった。森下さんと宮本さんのかかわりは、宮本さんが亡くなる二〇一五年まで続いた。自身の生き方を変えた宮本さんの存在について、森下さんはこう振り返る。

「私は、学生時代に早苗さんを支えきれなかった申し訳なさをずっと抱えていましたが、早苗さんは介助者など周囲の力を借りながら、見事に自分の人生を生き抜きました。自立生活を最後までやり切った早苗さんの姿は、私の救いになりました」

誰もが行き交うまちの風景

最後に、森下さんが仕事で大切にしていることは何かと聞くと、しばらく考えたあと、宮本さんとの経験を噛みしめるように、言葉にしてくれた。

「大学時代の経験から、障害のある人が積み重ねてきた生活は、ある日突然、崩れることがあるんだ、と今でも思ってしまうんです。だからこそ、まずはそうならないように支えていきたい。もう一つは、自立生活はすごい人じゃなくてもできるということ。勉強ができなくても、時計が読めなくても、自立生活を送れることがとても重要です。私が目指したいのは、その二つですね」

　障害のある人の生活は、ある日突然、崩れる可能性がある——しかしその一方で、かれらが何気ない日常生活を積み重ねていくことによって、まちの景色が変わっていく様子も、森下さんは目の当たりにしてきた。車椅子の当事者といつもの道を散歩していると、下校中の中学生が「こんにちは」と声をかけてくれるようになったり、ある日気づくと、事務所近くの店舗にスロープがついていたり。

「障害のある人たちがまちを歩いていること、アパートの隣で生活していること。私は、そういう風景が『普通に』あることが、一番大事だと思っています。だからこそ、かれらの日々の生活を支えることが重要なんです。障害のある人がその日その日をちゃんと生活していける状態を作っていくこと。今日も普通にご飯を作れたとか、気分がいいから外に出られたとか。当たり前の生活が続いているという状態を作ること。

　障害のある人だって、自分の暮らしのすべてを把握し、介助者に指示できるわけではありません。だから私は、その人がどんな生活を目指しているのか、どんな活動をしていきたいと思っているのかを読み取り、本人の意思を見極めながら、暮らしを支えていけるようになりたいと思っています」

そう言ったかと思うと、森下さんは不意に「どうだろう、聞き応えがないかな？」と、僕に問いかけた。

「そんな程度じゃ、社会は変わらないよ、という意見もあるだろうし、私自身も、もうちょっと頑張るべきなのではと思うことはありました」

ほにゃらに就職した当初の森下さんは、ボランティア時代の経験から制度不足への苛立ちを感じ、介助自体よりも、法律の改正や新しい制度づくりに力を入れたほうがいいのではないかと悩んでいた。でも今は、それは、他の人に任せたい気持ちなのだという。

「結局、当事者本人の姿がまちの中にあること自体が、社会をインクルーシブにすることに直結すると思うんですよね。自立生活運動の主体は障害の当事者ですが、健常者もこの社会を作る当事者です。インクルーシブな社会の実現には、誰もがまちの担い手として当事者意識を持つことも欠かせません」

障害のある人も、ない人も、ともに同じまちを行き来する。そんな光景を「普通」で「当たり前」のものにするために、森下さんたちの地道な活動は続いていく。

［注］

＊1……**他人介護料**　生活保護受給者で介護を必要とする人には、特別介護料（介護加算）が支払われる。家族介護加算と、介助者など家族以外の者から介護を受けるための他人介護加算があり、後者に支払われる費用を「他人介護料」という。「府中療育センター闘争」の新田勲氏らの運動によって、一九七五年度から支給されるようになった。基準額は自治体で異なり、支給額は年度によって変化する。

6

信じる人と生きていく

川島映利奈さん・細島秀哲さん

「つくば自立生活センター ほにゃら」代表の川島映利奈さんは、パートナーの細島秀哲さんと結婚したばかり。二〇二二年一一月、天久保の自宅マンションを訪ね、「新婚生活はいかがですか？」と聞くと、車椅子の上からこう捲し立ててきた。

「もう喧嘩ばっかりですよ。生活リズムは全然違うし、買い物だって、絶対食べきらないだろっていう量を買ってくる。頼んだ以上のもの買ってきてどうすんの？ って、毎回私はおかんむりですよ」

細島さんは、ほにゃらの元介助職員で、現在は茨城県内の他の福祉事業所で高齢者向けの訪問介護に携わる一歳年上の男性だ。惚気話を聞かされるだろうと思っていたら、川島さんの口から細島さんへの愚痴が次々飛び出したので、思わず笑ってしまう。

結婚してよかったと思うのは、どんなところですか？——そう質問すると、思い出したように表情を崩し、ゆっくりと続けた。

「一緒に暮らし始めて想像以上に大きかったのは、安心感。ちょっとした話題でも、『ねえ、聞いて』と言えるっていうか。実家にいたらいたで安心感はあるけど、それとはまた違う。そのままでいい、無理しなくていい感じ。掃除とか買い物とかで喧嘩しても大丈夫。言いたいこと言って、喧嘩もできる。それも含めて、ありのままでいい、って感じかな」

このとき僕はまだ、川島さんが繰り返す「喧嘩ができる」という言葉に込められた思いを、本当の意味で理解してはいなかった。

ドタバタだったプロポーズ

交際開始から九年、一緒に暮らし始めて二年が経った二〇二二年六月、川島映利奈さんは、細島さんからのプロポーズを待っていた。ある日、二人で夕飯をとりながら翌月の予定を確認していると、細島さんがつぶやくようにこう言った。

「そろそろ、する?」

川島さんの誕生日である七月一八日まであと一月。川島さんには、細島さんの言葉の意味が、すぐにわかった。

「やっと決めたのね。えらい、えらい」

シャイな細島さんらしいプロポーズが、微笑ましかった。二人は川島さんの誕生日に、互いの休みを合わせて一緒に婚姻届を提出することにした。

しかし、その前日に思わぬアクシデントが起きる。細島さんの同僚が新型コロナウイルスに感染し、急遽、代わりに出勤しなければいけなくなったのだ。連絡を受けた細島さんは、その朝早くに家を出ることに。一緒に届出を出せるかはわからない。

数時間後、ハラハラしながら自宅で待つ川島さんの電話が鳴った。細島さんからだ。

「今からいったん帰るから、玄関で待ってて!」

仕事の合間を縫って帰ってくるという。介助者と一緒に準備を整える川島さん。車椅子の背中には、貴重品を入れるためのカゴが据え付けられている。馴染みの業者さんに頼んで取り付けてもらったオリジナルだ。普段と違うのは、その中にファイルに挟んだ婚姻届が入っていること。忘れないよう、もう一度、中を確認する。

細島さんが帰ってきた。自宅マンション前に横付けされた車の後部には、車椅子がそのまま乗り込めるリフトがついている。細島さんが、川島さんとの暮らしのために買った福祉車両。川島さんも車に乗り込み、急いで市役所へ向かう。

「おめでとうございます」。顔見知りの職員に声をかけられながら、無事婚姻届を提出したと思うと、余韻に浸る間もなく細島さんは仕事に戻っていった。

「もう、本当にバタバタでしたよ」

目まぐるしかったその日を振り返る川島さんの横顔はうれしそう。その夜は、二人で選んだケーキでささやかなお祝いをしたという。種類の違う二つのショートケーキを、半分ずつ分け合った。

「私が『ケーキ食べたい』ってお願いしたんです。誕生日祝いのほうが要素としては強かったかも、ですけどね」

こうして七月一八日にはもう一つ特別な意味が加わった。これから毎年この日を迎えるたびに、二人はケーキを食べながら、あの日のドタバタを思い出すのだろう。

自らも自立生活を営みながら、ほにゃらの代表としてつくばで暮らす障害のある人たちをしなやかにリードする川島さんだが、ここに至るまでには多くの困難に直面してきた。ここでは現代を生きる障害者の一つの肖像として、彼女のこれまでの歩みを伝えたい。これは、「人を信じることができなかった」女性が、出会いを通じて成長し、生活を自らの手で築き、愛する人と未来を創造していく物語だ。

おてんばな少女時代

川島映利奈さんは一九八二年、福井県福井市で三世代が暮らす川島家の長女として生まれ育った。農業を営む父方の祖父母と、両親、二歳下の弟との六人暮らしだ。

川島さんにはウェルドニッヒ・ホフマン病という先天性の難病による障害がある。全身の筋力が低下していく進行性の病気で、乳児期から手足をしっかりと動かすことができなくなる「脊髄性筋萎縮症」の病型の一つとされている。両親が異変を感じたのは、川島さんが一歳になる頃。各地の病院を訪ね回ったが、なかなか診断がつかない。ようやく病名がわかったのは四歳のときだった。

小学生時代までは頻繁に肺炎を起こしては、毎月二、三週間の入退院を繰り返していた。「病院は、検査のための注射や点滴が多くて嫌だった」という。手足を自由に動かすことは難しく、生活には他者の介助が必要になった。

病気のつらい記憶の一方で、心に残るのは、仲良しだった弟と、弟がつれてくる友達と遊んだ思い出だ。弟たちに車椅子を押され、田んぼの畦道や近所を駆け回り、ザリガニ釣りやセミの抜け殻集め、ホタル探しを楽しんだ。男の子と一緒に、虫に爆竹をしかけるいたずらもした。夏休みには父に連れられてラジオ体操に参加したし、祖父母がしていたゲートボールの輪に加わったこともある。

「全然過保護ではなかったですよ。弟と走り回って虫を捕まえ、その虫に爆竹背負わせた障害者なんて、私くらいじゃないかな。車椅子から落ちて怪我をして、よく親に怒られていました」

一時同居していた大好きな叔父さんから勉強を教えてもらっていたのも大切な思い出だ。結婚前に川島さんの実家を訪ねた細島さんは、「絵に描いたような、幸せな家庭」だと感じたという。しかし、彼女が車椅子から見ていた景色は、少し異なる。誰にも言えない思いを、川島さんは抱えていた。

諦めたロングヘア

病気による障害があり、自分ではできないことの多かった川島さんの日常生活に、家族の介助は欠かせなかった。当時は、外で働く父親や、体の弱い母親に代わり、祖母が川島さんの面倒をみていたという。服の着替え、食事、お風呂やトイレなど、サポートは日常生活全般にわたっていた。家族に頼る暮らしの中で、我慢したこと、諦めたことがたくさんあった。その一つが、髪の毛を伸ばすこと。

当時、川島さんが愛読していた少女漫画雑誌「りぼん」や「なかよし」に出てくる女の子たちは、みな髪を長く伸ばし、かわいくアレンジしていた。そんなキラキラ輝くキャラクターに、川島さんは憧れていた。

「本当は、私も三つ編みにしたかったんですよ。でも、髪が長いと、お風呂でおばあちゃんが洗うのが大変だから、伸ばせなかった。切りたくないなあといつも思っていました」

川島さんの髪は扱いやすいよう常に短く切り揃えられていた。切るのは、「知り合いのおばあちゃんが営む近所の床屋さん」だ。一度だけ「髪を伸ばしたい」と伝えたことがあったが、大変だからと反対されたという。

そうした小さな「我慢」や「諦め」は、どんどん積み重なっていく。ベッドへの移動や、横になるにも人手がいるため、就寝時間は家族に合わせなければならない。家族の寝る時間以降のテレビ番組は、観たくても我慢するしかない。ひとりでは買い物に行けないので、友達と同じように、お小遣いで欲しいものを自由に買うことはできない。手伝ってくれる人の手が空くのを待つため、行きたいときにトイレに行けない……誰が悪いわけでもない。ただ、自分の思いが家族の中でいつも少しだけ後回しにされる。それが川島さんの日常だった。

「家族が自動的にいろんなことをやってくれるので、楽ではあったんです。でも、自分のタイミングじゃないときにやられることが多くて、いつもモヤモヤしていました」

思春期には家族に反発したくなり、ご飯をひっくり返してみたり、黙り込んだり、あえてテストで悪い点を取ったりもした。しかし、いくら反発しても、トイレに行くときには自分から話しかけなければならない。手伝ってもらえなければ、自分のやりたいことは何一つできないのだ。

「だから、思い切りわがままを言うことも、喧嘩することもできませんでした。いつも自分から謝らないといけないのは理不尽だなと思っていました」

いつしか自分の気持ちを押し殺すことが当たり前になっていた。

「自分が何をしたいのか、本当の気持ちがどこにあるのか、わからなくなってしまって。思ったことを口に出していいのかもわからずにいましたね」

次第に壁を作っていった

幼稚園には行かず、六歳まで自宅で過ごした川島さんは、小学校入学と同時に車で二〇分の距離にある養護学校に、両親や同居していた叔父の送迎で通うことになる。県内最大規模、高校までの一貫校が、川島さんにとって初めての集団生活の場となった。

同学年の生徒一二人は、障害の種別や勉強の理解力をもとに四クラスに分けられた。同じクラスには、川島さんの他に男子が一人。彼とは高校三年生までの一二年間同じクラスだった。

在学中は、校内活動に積極的に取り組んだ。小学六年生のときには、同級生や先生の協力のもと、ホテルや観光施設に連絡をとってバリアフリーの状況を調べ、沖縄への卒業旅行を企画した。高等部では生徒会長を務め、他のクラスの同級生や先生たちと意見を交わしながら、物事を決めていく過程を学んだ。それらの経験は、今の仕事につながる一歩だったと、川島さんは振り返る。

一方で、その後も引きずる心の傷を負ったのもこの時期だった。ある教師との三年間を、川島さんは「暗黒の中学時代」と語る。

「『自分でできることは自分でやる』という方針の先生だったんです。車椅子を自分で漕ぐよう指導されたんですが、私は手の力が弱くて速く操れなかった。トイレや教室移動に手間取り授業に遅れると怒られる。生理になると、『面倒なんだよね。大変なの。必要ないのに体だけは大人なのね』って嫌味まで言われて」

あるコンクールに作文を応募した際には、元の文章が「跡形もなくなるほど」添削されていた。受賞はしたが、悔しさが残った。

「先生には抵抗できませんでした。何をしても嫌味を言われるのでトイレもギリギリまで我慢していました。先生は偉いというイメージは覆されましたね。感情を持ったら負け。イライラすると、『マイナスの感情を持つ自分が悪い』と自分を責めていました。

家族ともうまくいってなくて、閉塞感のある憂鬱な毎日でした。だから、自信のあった勉強を頑張りました。点数は嘘をつきませんからね」

一方で、相談に乗ってくれる若い女性の先生が、他のクラスや保健室にいたことには救われたという。

つらい思い出の多かった少女時代、川島さんが夢見ていたのは、お花屋さんやお嫁さんになること。ごく普通の女の子が抱く夢だ。ただ、障害のある川島さんにとって、その夢を実現するまでの道のりは長く、平坦ではなかった。行く手を阻んでいたのは、障害だけではない。

「私は人間を信じていなかったのだと思います。いろいろあって、『人は信じちゃいけない』と思っていた。自己防衛ですね、分厚い壁を作っていました」

「実家にいてはキラキラできない」

そんな中学時代を経て進んだ高等部では、自立へのきっかけとなる出会いがあった。普通中学を卒業した女子生徒が、養護学校に入ってきたのである。幼い頃から弟たちと遊び、クラスメートも男子だけだった川島さんにとって、初めてつきあう同年代の女の子だった。

彼女は毎日、ヘアスタイルを変えて登校し、星やハートのワンポイントが入ったヘアゴムなど、川島さんが見たことのない小物もたくさん持っていた。

「めっちゃキラキラしてました。普通学校での圧倒的な経験値。違いを見せつけられたって感じです。私には『女の子はこういうもの』っていう、変な憧れがあったんです。『あの子かっこいいよね』とか『可愛い服とかヘアピン見つけたよ』とか、そういう女子同士のおしゃべりにも憧れていましたね」

二人は徐々に打ち解け、彼女に髪を三つ編みにしてもらったり、可愛いピンをつけてもらったりと、家では我慢してきた「夢」を川島さんは学校で実現させていく。

新しいクラスメートに刺激された川島さんは、高校二年頃から「家を出たい」と思い始める。

「彼女を見ていると、『やっぱ親と一緒じゃキラキラできない』って思ったんですよ。『家を出たい』という気持ちが強くなりました」

一人暮らしをするにはどうすればよいかを真剣に考えたが、養護学校卒業後の選択肢は多くはなかった。大学に進学する人は数年に一人程度。障害者枠で一般就労するケースもあったが、ほとんどの卒業生は施設に入所していたという。

「施設に入るのは嫌でした。働くならちゃんと稼ぎたいけど、就労先は、今でいう『就労継続支援B型』[*1]のような作業所での単純作業が中心で、お金を稼ぐことはできません。それが嫌なら、あとは在宅。家で何をするわけでもなく、家族のケアを受けて過ごすというニート生活。究極の選択です。進学しかないと思いました」

川島さんは、自力で進学先を探すことにした。しかし、関心のある大学に問い合わせても、「車椅子はちょっと」「障害者を受け入れた前例がない」と、受験すら許されない。それでも家は出たい。諦められずネット検索を続けると、愛知県のある大学が目に留まった。

「重度障害のある人が、ボランティアを使って大学に通っていると書いてあったんです。『ここに行きたい！』と思いましたね」

その頃、福井県内でボランティアを使い自立生活を始めた養護学校の先輩が話題になっていたことも刺激になった。受験の結果、第一志望の愛知の大学に見事合格。これでやっと一人暮らしができる。そう喜んだのも束の間、大きなハードルが現れる。

「両親に反対されちゃったんです。親は記念受験くらいに考えていて、受かるとは思ってなかったんじゃないかな。私自身、制度や自立の概念をまだ知らず、説得しきれなかった。入学金を払ってもらえず、泣く泣く諦めました」

一人暮らしへの思いをグッと堪え、同じ年に家から通える地元の福井大学への進学を決めた。学科の新設に伴い、バリアフリーの新校舎を建てると聞いたからだ。

「興味のある人工知能系の分野だったし、パソコンが使えれば授業も問題ない。両親も『受験してもいいよ』って。でも、一人暮らしは諦めきれませんでした。大学卒業後に実現させよう、そのために計画的に準備しようと思いながら過ごした四年間でしたね」

大学入学　立ちはだかるトイレ問題

「介護ロボット開発へ　難病の川島さん、福井大工学部に入学」

二〇〇一年四月一〇日の朝日新聞に、福井大学に入学した川島さんの記事が掲載された。

記事には、「介護が必要な障害者が一人でより快適で、自立した生活を送れるよう『介護ロボット』を開発したい」「障害者が施設や心の面で束縛を受けずに自由に行動する社会を作りたい」と入学への意気込みを語る川島さんの様子が描かれている。

福井大学が重度障害のある学生を受け入れたのは川島さんが初めてで、地元では大きな話題になっていた。

「入学したら、マスコミが大勢来ました。興味本位で近づいてくる人もいて、知らない人とかかわる機会がめちゃくちゃ増えて怖くもありました。高校までとは接する人の数が全然違うんですから。『同世代ってこんなにいるんだ』という驚きもありましたね」

中学まではクラスメートは二人、高校でも三人という限られた人数の中で過ごした川島さんの世界は、大学入学と同時に一気に広がった。学園生活への期待と、突然広がった世界への戸惑いを抱えて、川島さんの大学生活はスタートしたのである。

日々の学生生活を支えたのは、学校が準備した三人一組で動く学生ボランティア。初めは上級生や他学部の学生もいたが、徐々にクラスメートが中心になった。

通学は、送迎する親の出勤時間に合わせるので、朝八時前には学校に着いてしまう。授業までの時間は、大学が用意した休憩室で宿題をするなどしてつぶし、授業時間が近づくと、ボランティアの学生が迎えにくることになっていた。待っても誰も来ないときには、先生に電話して対応を頼んだ。

「なんだか自分が特別扱いされるようで嫌でしたね。ハブられてるわけじゃないけど、私だけ別グループっていうか」

慣れない新生活の上、クラスメートとの距離はなかなか縮まらない。集団生活で感じる「障害」のある人とない人の違いにも戸惑い、同性との関係づくりにも頭を悩ませた。

「授業が終わって遊びに行こうにも、車椅子ではどこに行けるかわからないじゃないですか。誘われても、私のほうから『親が迎えに来るから』と理由をつけて断ることも。あちこち出かけたことがなかったので、どこの何が美味しいかもわからないし、流行りの洋服も私は着られない。そもそも子どもの頃から女の子と遊んだことがなかったんですよね。おままごとをした記憶もないくらいです。弟がいたので男の子の話題ならついていけるんですけどね」

理系の川島さんの学科は一学年が八〇人、そのうち女子学生はわずか六人。うまくつきあえなくても、生活のために、どうしてもやりとりが必要になることがある。その代表が、トイレの介助だった。

実は入学当初、学生ボランティアに頼んでいたのは校内移動やノートテイクで、休み時間のトイレ介助はヘルパーが対応していた。川島さんの状況を考慮した地元の社会福祉協議会が、一日に数回ヘルパーを派遣する「特別ルール」を適応してくれたのだ。しかし川島さんが三年生だった二〇〇三年、新たな介助派遣制度「支援費制度」が施行されると、社協からの「特例」が受けられなくなってしまう。その結果、トイレ介助は女子学生に頼まざるを得なくなったが、これが川島さんには負担だった。

「頼みにくいですよね。みんなで遊んでるところに声かけるのも気が引けた。お金を払っているわけではないので、強く言えませんしね。みんな、トイレ以外では近寄ってきませんでした。授業が終わると『トイレどうする?』と聞かれて、『今はいいや』と言うと、『じゃ』って感じ。トイレをお願いするから仲良くしなくちゃ、と思っていました」

最終的に残った女子のボランティアは、二人。「ここを乗り切れれば、家を出られる」との思いでなんとか踏ん張る毎日だったという。

自立生活する「仲間」と出会う

とはいえ、川島さんの学生生活はつらいことばかりではなかった。二〇〇二年五月に川島さんが高校生のとき自立生活を始めて話題になった養護学校の先輩が、福井市内に「自立生活センターコム・サポートプロジェクト（コムサポ）[*2]」を立ち上げたというニュースは、川島さんの心を明るくした。
バーベキューに誘われたのがきっかけで、徐々にコムサポの人たちとご飯を食べたり遊びに行ったりするようになると、かれらが当事者目線でしてくれるいろいろな話に、川島さんの視界は開けていった。

「先輩が、『このままムカつくことあってさ』という話をしながら、『川島さんもそんなことない？』と聞いてくれて。確かにあると言ったら、『そこは我慢するところじゃない。悲しくて傷つくのも当たり前だよ』と言ってくれたんです。言葉で言ってもらえたのは初めてでした。みんなすごく明るくしていたけど、『ここまで来るのに時間がかかったよ』って。『人を信じられない、信じきれない』と思っているのが私だけじゃないとわかったのは大きかったです」

コムサポのメンバーは、川島さんが初めて同じ立場で経験を共有する仲間になった。中でも特に大きな影響を受けたのが、立ち上げメンバーで初代代表を務めた高畑英樹さんだ。

「高畑さんは、『遊びたい！』『彼女作りたい！』『結婚したい！』という気持ちを前面に出して活動していました。いつも『だって楽しくないとつまんないじゃない』『やりたくないことやりたくないでしょ？』と言っていて。衝撃でした。私も『遊びたい！』『恋人ほしい！』って言っていいんだ、って。

普通に外食に行って、普通に飲み屋に行って、普通に遊んで。『普通』という言葉に疑問を持ちながら、『普通』を貫き通す。それが彼にとっての障害者活動でした。バリアフリーになっていないお店が多い中で自分が『普通』にご飯を食べに行くことは、問題を可視化する運動になる、と考えていたのだと思います」

初めての飲み会

当事者との出会いに刺激を受ける一方、大学生活でも変化があった。川島さんを気にかけた教員が誘ってくれて、クラスメートとの「飲み会デビュー」をしたのだ。

「ノリのいい先生でした。私は親が迎えにくるから断ろうと思っていたのですが、『当然行くよな？　迎えはいいよ。みんなで送っていくよ』と押し切られて」

向かったのは居酒屋チェーン店。入口は階段だったが、クラスメートたちが折りたたみの簡易電動車椅子ごと川島さんを持ち上げてくれた。席についてからも、初めての飲み屋に興味津々な川島さんに、先生は「言いたいことがあるなら、もっとどんどん言えよ、なんでそんなに我慢してんだ」と発破をかけてくれたという。

実はこの日、川島さんは、飲み会に行くとは家族に伝えていなかった。携帯に母親からの着信とメールが何通も届いていたが、電源を切ってバッグにしまった。

帰りはクラスメートが車で自宅に送り届けてくれた。家族以外の車に乗ったのは、初めてだった。帰宅後は「母親のお叱りが待っていた」けれど、この日を境に大学生活は変化していく。
「飲み会デビューして、みんなと近づいた、友達っぽくなれた気がします。強引だったけど、車椅子を持ち上げられたり、家に送ってもらったりして、『友達に頼っていいんだ』と私もわかったし、クラスメートも『こうすれば一緒に出かけられるんだ』とわかったみたい。親の迎えを断ってもいいんだ、とも思えました。

あれを境に気持ちが楽になりました。それまでは常に『今日は（ボランティアに）誰が来るかな』と心配し、緊張していましたから。話しやすい人がいいけど、今日は元気ないからあまり話好きな人だとつらいな、淡々とやってほしいなとか、嫌な思いが先行していました。あの日以来、徐々にみんなとの距離感もつかめるようになったと思います」

その頃には、男子の間で川島さんへのサポート役が、ジャンケンで決めるほどの「争奪戦」に。介助が「嫌なこと」ではなく、「率先してやりたいこと」になりうるんだなと、うれしい気持ちになったという。

ぬぐいきれない不信感を抱えて

そんなある日、川島さんに好意を寄せるクラスメートから、告白を受けた。彼は、川島さんをサポートするボランティアの一人。「自分で自分のことをできない人を、好きになる人なんているわけがない」と思い続けてきた川島さんにとって、思いもかけないことだった。

「私の中で、つきあうっていうのは、テレビドラマや少女漫画の世界の出来事。そこには車椅子の女の子は出てこない。だいたい、デートができないじゃないですか。遊園地で、きゃはは、うふふなんて絶対無理。バリアフリーにはほど遠い時代だったから、食事にも行けない、映画も見られない、何するの？　って」

後日、彼と生まれて初めてのデートに出かけた。

「トイレが気になって、すごく短時間で帰った気がします。『好きだ』と言ってくれても、からかわれているんじゃないかという思いが頭のどこかにあった。信じていなかったんでしょうね。彼のことも、人間そのものも。親から『誰と会うの？』と聞かれるのもすごく嫌でした。まだつきあうかどうか微妙なときって、一番知られたくないじゃないですか」

川島さんの学生生活を手伝ってくれる人は増え、交流を重ねていく一方で、どこかに信じきれない思いは残っていた。

「私のいないところで、『めんどくさいよね』と悪口言ってるのを聞いちゃったこともあります。面倒なら来なければいいじゃんと思いつつ、そう言われるのも当たり前だとも感じていたから、『やっぱりそうだよね』って。

ただ、ボランティアの常連メンバーたちは悪口を言わないし、『そんなこと言うなよ』と、私が知らないところでたしなめてくれていたのをあとから知って、『この人たちは大丈夫』という信頼が徐々に構築されていきました。人は悪口を言うものだと思っていたから、初めは不思議でならなかったですけど。随分、ひねくれていましたよね」

自立へ向けて自ら動く

二〇〇三年に施行された「支援費制度」は、学校や職場への介助者派遣はできなかったが、「障害者自らが生活に必要なサービスを選択することができる」という指針のもと、身体障害のある人への福祉サービス提供のあり方を大きく変える制度だった。立ち上げから一年余が経っていた自立生活センターの「コムサポ」も、この制度を利用し、介助派遣事業をスタートさせた。川島さんも、家族がいない休日の昼間、一日三時間、サービスを利用するようになる。その後、自立生活センターを通して、宿泊体験など、自立生活の実現に向けたプログラムを体験し、卒業後の自立に向けた準備を始めていった。

四年生になると、これまでボランティアシフトに入ってくれていた同じクラスの女子学生たちが所属研究室に分かれ、トイレ介助を頼むことがより難しくなった。もうボランティア一択の介助は望めない。しかし学内でのヘルパー利用は制度外のため、自費で賄う必要がある。

川島さんは、コムサポの協力のもと、前年九月ごろから、福井大学と行政に専属の介助者の必要性を訴えていた。交渉の結果、大学が自費負担分の半分を捻出することを認め、残り半分を家族が負担する形に落ち着き、四年生からは大学で専属の介助者をつけることができるようになった。

つくばで実現した一人暮らし

「やっと出られる！　これで自由だ」

二〇〇五年、筑波大大学院への進学が決まった川島さんは、喜びの声を上げた。進学先を遠いつくばに選んだのは、実家を出たかったからだ。

「これで好きな洋服が着られるとか、好きな時間に寝られるとか、好きなときに遊びに行ける、と思うとうれしかったです。一人暮らしで一番やりたかったのは、彼氏を作ることでした。まあ、現実はそう甘くはなかったですけど」

卒業後も勉強を続けたいと思っていた川島さんは、志望校のバリアフリーの状況や、障害のある学生の割合を調べた。県外で候補になった国立大学が、筑波大と広島大の大学院だった。筑波大に惹かれたのには大きく二つの理由があった。

一つは、学部に引き続いてロボット工学が研究できること。もう一つが、「推し活」に有利なことだった。

「KinKi Kidsが好きだったんです。学部時代もボランティアさんと一緒に東京や名古屋のライブに出かけていました。ライブだけは絶対です。夜行バスで行って、夜行で帰ってくることも。つくばなら東京に近いから、いつでも行ける！　と」

受験した筑波大と福井大、両方の大学院に合格した川島さんは、今後の暮らしについて、高校生のときにはできなかった制度のことを含め、家族に説明した。コムサポを通じて学んだ知識や経験が役に立った。

「この先、祖母が介助できなくなっても、体の弱い母に代わってもらうことはできないし、私の介助が原因でお母さんが倒れるのは嫌だった。だから、『こういう生活（自立生活）があるよ』と伝えたんです。母は、私が言い出したら聞かない子だと諦めていたのかもしれないけど、『やれるだけやってみて、ダメだったら帰ってくればいい』と了承してくれました。一方、父は断固反対。結果を出さないと認めない人なので、私が大学院での生活をしっかりすることで認めてもらうしかないというか。弟は『ふーん、好きにすれば』と、さっぱりしたものでした」

一人になって気づいたこと

つくば市では、キャンパス内の宿舎に入った。コムサポから紹介されたほにゃらがヘルパーの派遣をはじめ生活全般を支援した。川島さんはこうして、念願の自立生活をスタートさせたのだった。

「すべてが新鮮でした。朝、誰にも起こされないのも、自分で時間を計算して起きなきゃいけないのも。授業後に、寄り道しながら帰れるのも！」

洗濯や料理をするのも初めてだったから、失敗は多かった。色物の服と一緒に洗って白いTシャツにまだら模様をつけてしまったり、洗濯ネットの使い方がわからなかったり。

「介助者に『こだわりありますか？』と聞かれても、『こだわりって何？』って感じでした。でも、そういう失敗もいい勉強で、一人暮らしっぽさとして楽しめました。これまで家事をしてくれていたお母さんすげーって、改めて思いましたし」

その反面、第三者である介助者との暮らしにはしんどさもあった。家族なら、阿吽の呼吸で伝わり、一伝えれば一〇やってもらえるところが、介助者には一〇すべてを伝えないとやってもらえない。朝起きてトイレに行って、顔を洗い、歯を磨く。その一連の「いつもの流れ」が「いつも」としては伝わらないのだ。

「そもそも、自分には具体的にどんな介助が必要かを、自分で理解すること自体が難しかった。ご飯やトイレは言えるけど、細かいことが伝えられない。例えば、ズボンを履くのに、どこまで介助者に指示を出せばいいのか。指示の出し方によっては伝わらないこともある。介助者によって得意／不得意もあれば、器用／不器用もあるので、思っていた通りにならないことも多い。福井でも多少自立生活の練習はしていたのですが、自分に本当に必要な介助とは何かを知ったのは、つくばでの実体験を通してでした」

一人で暮らしてみると、家族との生活では見落としていたことにも気がついた。スーパーに買い物に行くと、場所によって商品を取れないこともある。邪魔者扱いされ、通路で人がよけてくれないことも。家族と一緒なら経験しなかったことが一人だと起きる。買い物に行くのが嫌になった時期もあったという。

「一方で、通路の段ボールをどけてくれたり、支払いに時間がかかっていると『ゆっくりやってください』と言ってくれる人もいる。いい人に会えるとうれしいし、私自身がこのままでいていいんだ、時間がかかっても大丈夫なんだと思えた。悲しさもうれしさも、ちょっとずつ経験していきました」

当事者活動に興味はなかった

現在、ほにゃらの代表を務める川島さんだが、当初は、生活介助を受けるだけで、社会活動にはかかわっていなかった。

「自分のことしか考えていなかったのかもしれませんね。介助者は派遣してもらっていましたが、イベントに誘われると、『レポートがあるんで』と断ってました。ぶっちゃけ、活動には全然興味がなかったんです」

考えが変わったきっかけは、就職活動で厳しい現実に直面したこと。大学院で研究したロボット工学の知識を活かせる先を探すも、全身介助を必要とする川島さんを受け入れる企業には、一つも出会えなかったのである。「これ以上勉強しても、無駄なのでは」と、川島さんは大学院で学ぶ目的を見失ってしまう。

「つくばには一緒に活動する仲間がいる。もう実家には戻りたくない。でも、どうすればここにいられるのだろう……」

落ち着いて将来のことを考えようと休学した川島さんの前に、さらなる壁が立ちはだかった。大学院をやめると、これまで二四時間まかなえていた介助時間に穴が開いてしまうのである。

川島さんはそれまで、筑波大学の学習補助員制度[*3]を利用し、授業のある平日の日中八時間、学生ボランティアに板書や学内移動などをサポートしてもらっていた。学外での生活時間にあたる平日の一六時間と、授業のない土日祝日と長期休暇中の二四時間は、未成年者や学生に適用される「遠隔地ルール」制度[*4]により、保護者の住む福井市からの介助派遣が認められていた。つまり、大学と行政二つの制度を利用することで、年間を通じた二四時間介助が実現されていたのだ。

しかし、退学すると、大学の制度は利用できなくなり、学外生活についても認定機関が居住地であるつくば市に変更される。条件が変わるため、必要な介助時間数が認められる保証はない。実際、退学後の川島さんにつくば市から支給された介助時間は、一日一一時間。これでは一人暮らしを続けることはできない。

そこで動いたのが、ほにゃらだった。大学院を退学した川島さんに対して、ほにゃらは足りない介助時間を実費でカバーし、川島さんとともに市役所にたびたび出向いては、他の地域での実例や制度を繰り返し説明した。

「実家に帰らないと決めた時点で、私にはここ（つくば）しかありませんでした。つくばに住み続けるにはどうしたらいいか相談したら、ほにゃらのメンバーが親身になって作戦を立て、一緒に動いてくれたんです」

三年にわたる粘り強い交渉の結果、川島さんはようやく二四時間の介助支給を勝ち取ることができた。

この経験をきっかけに、川島さんはほにゃらの活動に本格的にかかわるようになる。

「『つくばでやっていく』と決めてから、役所との制度交渉でズタボロにされて、そこでようやく自分ごとになったというか、障害者運動や自立生活センターの存在がいかに大事か、初めて身に染みました」

その後、前の代表が病気で退くと、周囲の後押しもあり、代表に就くことになる。二〇一一年のことだった。

「まだ自分のことしか考えられないのに、急に他の人のことも考えなくちゃならなくなって。『代表、なんで私？』と思ったのは覚えています」

細島秀哲さんとの出会い

ここまで、ほにゃらとの出会いや代表になった経緯を聞いてきた。でも、パートナーとなる細島さんとはどこでどうやって出会ったのか。詰め寄る僕に、川島さんは照れた笑みを浮かべつつ、約一〇年前の記憶を掘り起こしてくれた。

大学院を中退し、障害当事者かつ代表としてほにゃらの活動に奔走していたある日、細島秀哲さんが職員としてほにゃらに入ってきた。新人研修の最終テストとして行った名古屋への旅行介助における出来事を、川島さんはよく覚えている。

「細島さんは（事務局長の）斉藤新吾さんの介助に入っていたのですが、電車が嫌いみたいで、途中で具合悪くなっちゃって。最後までもつかしら、という感じでした。私から力の入れ方、息の抜き方を伝えた気がしますね」

その後、毎週金曜日に事務所で開催していたイベント「ほにゃきん」[*5]終了後、事務所での食事や帰り道を共にする中で、二人は親交を深めていく。関係を意識したのは、細島さんから誕生日プレゼントをもらったときだったという。

「プレゼントもらうと気になっちゃいますよね。決め手はなんだったかなあ。一緒にいて、楽。気を遣わないとこですかね。いい人すぎて心配になります。自己犠牲タイプで、いつも自分が一番最後。それで自分の首絞める、みたいな」

デートの予定はいつも細島さんが立ててくれた。行く先々が必ずバリアフリーになっていて不思議に思っていたところ、毎回下見をしてくれていたのだと、あとから知った。

「ポイントは上がりましたよね。『それ大変だから、もうやめな』と言いましたけど」

細島秀哲さんは、茨城県出身。弟とともに父親に育てられ、地元の工業高校を卒業後、自動車の製造業に就いていた。その後退職し、次の仕事を探していたときに、ネットでほにゃらの求人を見つける。企業名から福祉関係だとは思わなかった。正職員採用の文字に惹かれて面接を受けたところ、「明日、資格研修があるけど、来られる？」と言われ、関心分野ではなかったが「やるしかねえな」と思ったのだという。

こうして細島さんは、二〇一三年にほにゃらに入社する。「ヤクルトのバレンティンがホームランを六〇本打って、田中まーくんで楽天が優勝した年」とすらすら出てくるほどのプロ野球ファンだ。バイクも好きで、以前はホンダの大型二輪CB1100に乗っていた。

「ほにゃらはつなぎのつもりで、一年頑張れたら他の仕事探そうと思ってたんですよ。でも気がついたら、五、六年やってました。居心地がよかったんですかね」

肩の力が抜けた、自然体が印象的な細島さん。ほにゃらに感じた居心地の良さには川島さんの存在も影響しているのでは、と聞くと、「いやぁ、どうですかね」とはぐらかしつつ、「里内さんの影響は大きかったですね」と、利用者、里内龍史さんとの出会いを挙げた。

ほにゃら事務局長の斉藤新吾さんも学生時代に出会って衝撃を受けたという里内龍史さんは、脳性麻痺者による当事者団体「茨城青い芝の会」で代表を務めるなど、長年、つくば市の隣、土浦市で自立生活をしながら障害者の権利擁護のために活動してきた男性だ。話すことが難しいため、文字入力による音声読み上げ装置を使っていた。障害者と接したこともなかった細島さんは当初「すげえとこに来ちゃったなあ」と戸惑ったが、里内さんは、介助経験のない細島さんを、まるで息子のように可愛がってくれたという。

「俺は料理が得意じゃなかったんですけど、里内さんは、冷蔵庫にイカがあれば『塩辛作ってくれ！』とか、いきなり『牛テールの煮込みが食いたい！』とか言う方で。最初は『ああ、今日は何作んなきゃなんねぇのかなぁ』と苦痛でした。でも、『細島くん、一緒に夕飯食おう！』と言ってくれたり、実家のある滋賀から買ってきた鮒寿司を『一緒に食おう！』とくださったり。初めて食った鮒寿司の強烈な匂いに、『ぐああ！』と唸った自分を見て喜んでくれて。今思えば、俺が里内さんの生活を支えていたというより、俺が里内さんに支えられていた感じでした」

父子家庭で育った細島さんにとって、里内さんは父親のような存在だったという。

「里内さんは、亡くなった親父と同い年だったんです。それもあって、いろいろ相談もしていました。ほにゃらを退職するときも里内さんに相談して。『君がそこまで考えたんだったら、大丈夫だ。頑張れよ！』と言ってくれて、二人で泣いちゃいましたね」

初めての長距離移動の研修で励ましてくれた川島さんのことは、どう思っていたのだろう。親しくなったのは、共通の趣味であるゲームで盛り上がったのがきっかけではないかと細島さんは振り返る。

「俺のほうから押しつけるっていうか、『これ面白いからやってみるといいぞ！』と教えたり、そんなことが最初だったんですかね。映画館や動物園にも行きましたね。障害については、車椅子だというくらいで気にはしていませんでした」

手術しても自立生活は手放さない

二人がゆっくりと関係を育む中、川島さんの障害は徐々に進行していた。飲み込む力が弱くなり、誤嚥性の肺炎を起こして入退院を繰り返すようになっていた。食事の量が減ったせいで痩せていく川島さんをそばで見ていた細島さんは、心配を募らせていく。

「障害は変えようがないし、そこも含めて二人の関係を楽しんでいきたいと思っていましたが、大丈夫かなって」

そして川島さんは二〇一四年の秋、誤嚥による肺炎で救急搬送されてしまう。状態は悪く、搬送先の病院で医師に「次に緊急事態が起きたら、命の保証はできません」と告げられる。再発を防ぐためには気管切開が必要だ、とも。

肺炎を繰り返すと、原因となる菌に薬の耐性ができてしまうため、肺炎の原因となる誤嚥はなんとしても防ぐ必要がある。飲み込む力が弱くなっている川島さんが、誤嚥せず安定して栄養をとるには、直接胃に栄養を送る胃ろうが必要だ。また、呼吸器の導入も必須で、気管に孔を空けてカニューレと呼ばれる管を挿入する上で、気管切開は欠かせないという。

気管切開は、手術の結果によっては、声を失う可能性もある。川島さんの身体への負担を思うと、細島さんは最後まで手術に賛成することはできなかった。

一方、変化する自分の身体に向き合っていた川島さんがこのとき感じていたのは、自分の「残り時間」のことだった。

「障害の進行という抗えないものに直面して、『私は、あと何年だろう』と思いました。手術を乗り越えたあとも自立生活を継続させていた先行事例はあったけど、私はそこに仲間入りできるのだろうか、と。声を失う覚悟もしなくてはならない。手術自体は難しくないはずでした。でも私自身の、進行する障害への受け入れができていなかったんです」

医師は、川島さんにこうも伝えていた。「術後は長期入院が可能な施設で暮らすこと。そうでなければ退院させられない」と。それでは、長い時間をかけ築いてきた、地域での自立生活を失うことになる。

「そんなの嫌だ」

思い悩んだ末、川島さんは、「手術は受ける、でも地域での暮らしは手放さない」と決心する。

川島さんのこうした思いを支えたのは、ほにゃらの仲間たちだった。全国の自立生活センターに呼びかけ、過去に起きた同様の事例を集めた。気管切開を経験した当事者の男性も、沖縄から応援に駆けつけてくれた。運動に取り組む人たちの横のつながりが力を発揮した。

「みんなが集めてくれた事例があったから、私自身も絶対退院できる、するんだと思っていました し、制度を利用して地域生活している人が全国にこんなにいること、介助者にも吸引ができることを病院に説明できました。最後には先生も根負けして、『ダメなら戻ってきなさい』と言ってくれました」

術後すぐには声を出すことができなかったが、傷が癒えるとともに出るようになった。川島さんの身体と喉に入れるカニューレの相性がよかったのだ。

介助者とパートナーのいる暮らしへ

三か月後に退院し、みんなで守った自宅での生活を再開した。しかし、その日常は大きく変化した。気管切開をしたことで、二四時間、一定の時間隔で痰吸引が必要になり、吸引を行う介助者が常に近くにいなければならなくなった。首への負担が大きい体位交換には、以前にも増して慎重さが求められるようになり、トイレと入浴が、さらに難しくなった。

「対応する介助者も大変だったけど、私自身も変化した自分の身体に慣れるのに精一杯でした」

川島さんの身体と生活の変化は、細島さんとの関係にも変化をもたらした。

「実は、手術後に彼とは一度離れているんですよ。二年ほど、距離を置いていました」

手術前は、介助者とは常に一緒にいる必要はなかった。デート中も、ついてはきてもらうが、必要なとき以外は別行動ができた。家でも、細島さんと会うときには、介助者には「ちょっとどこかで時間潰してて」と伝え、二人きりになれていたのである。それが、痰吸引が必要になったことで、介助者に「バイバイ」ができなくなった。川島さんにはこれが堪えた。

「もう二人の時間が作れない、もうだめだって、ネガティブ思考が再発してしまって。細島さんの負担が増えると思ったのもあります」

距離を置いたとはいえ、職場が同じなので顔を合わせることはあり、お互いを視界の隅で意識しながら、時間はなんとなく過ぎていったという。

「きっかけはなんだったのかな。なんだかんだあって元に戻ったんですよね。私にとっては、『戻った』ということが大きかった。明確な二人の時間がなくても、（細島さんとなら）やっていけるかもしれないって」

こうして、「介助者とパートナーのいる生活」という、川島さんと細島さんによる新しい暮らしの形をつくる取り組みが始まることになる。

細島さんの仕事休みの日、二人の話を聞きに天久保の自宅を訪ねた。三人で話をしていると、細島さんが、ふと川島さんの手元に視線を送り、声をかけた。

「それ、取れんのかなーって思ってたけど、取れんの？」

目線の先にあったのは、川島さんの車椅子の肘掛けに据えつけられたドリンクホルダーに置かれたカフェラテ。川島さんのお気に入りの飲み物だ。

「うん」

短く返事をすると、川島さんはゆっくり手を伸ばしてプラスチック容器に刺さったストローを口に運んだ。

しばらくすると、川島さんは手元のブザーを押して、吸引の合図を介助者に送った。少し離れた玄関そばの部屋に待機していた介助者が慣れた手つきで機器を準備、川島さんの喉元にストローを差し込み、からまる痰を吸引する。終わると手早く後措置をして、部屋に戻っていく。

川島さんは、身の回りのことを細島さんには頼まない。自分でできることは自分でするし、できないことは、別室で待機している介助者に声をかけてやってもらう。

「パートナーは介助者ではありませんからね。私は介助してもらうために彼と結婚したわけじゃないし、介助者のほうが丁寧です。ちゃんと訓練しているプロですから」

「どうだ」と胸を張る、川島さんの心の声が聞こえた気がした。これが、川島さんが時間をかけて築いてきた暮らしの形なのだ。

市役所を含め周囲では、障害者の面倒は家族がみるという考え方が、いまだに一般的だ。パートナーと過ごす時間は介助者が不要なので、派遣時間が支給されない可能性もあると、市役所職員から遠回しに言われたこともある。

しかし川島さんは、あくまでも介助を家族に頼らない「自立生活」を貫こうと、細島さんと介助者との暮らしの形を模索し続けた。外出の際には、介助者には必要なとき合図を送るからと、はぐれない程度に距離を置きながらついてきてもらう。細島さんにも確認しながら、その都度、隣にいるのでも離れすぎるのでもない絶妙な距離を測ってきた。

「変えられるところは変えてきたけれど、どう頑張っても変えられないところは、自分が折り合いをつけなければいけない。日々、試行錯誤の繰り返しです。パートナー同士の関係も、介助者と利用者の関係も、どうすればお互いにとって居心地が良くなるか、探っていくのは同じですよね。自分の生活なんですから」

自立とは、決めること

自分の暮らしを自分で築く川島さんを見ていると、学生時代まで他者を中心に生きていたとはとても思えない。変化の理由を聞くと、「介助者の存在のおかげだと思います」と即答した。「介助者がいるから、自分のタイミングで自分のことができるんです。学生のときは介助者がそばにいなかったから、トイレに行きたくても我慢するか、誰かに助けを求めるしかなかった。家族であっても、誰かを呼ぶのは気を遣います。介助者ならそれがない。昔はいつも、私は自分で自分のことさえできないのにと思っていましたが、介助者を得た今は違う。この変化が一番大きいと思います」

障害者にとっての「自立」とは、決めること。障害者が決めたことを、介助者が実行するのは、障害者がしたのと同じこと――川島さんもこの自立生活の理念に触れ、介助者を得たことで気兼ねすることなく、健常者と対等の関係を築けるようになった。「自分はできない」と思うことから解放されて初めて、川島さんは本当の意味で自分のやりたいことを伝え、わがままを言い、喧嘩ができるようになったのである。

もう一つ、川島さんの考え方を大きく変える出来事があった。二〇一六年、ほにゃらで共に活動した脳性麻痺の宮本早苗さんが、ガンで五〇歳の若さで亡くなったことだ。

「早苗さんは破天荒な人でした。自分を貫き通してやりたいことをやり切る早苗さんを見ていたら、やっぱり楽しんだもの勝ちだよねと思うようになって。まだまだ元気だと思っていたのに、思ったより早く逝ってしまわれた。いつ自分もそうなるかわからないと、改めて認識しました」

障害の進行によってではなく、別の病気によって死ぬこともありうる――それは気管切開をし、障害の進行を実感していた川島さんにとって新鮮な発見だった。

「遅かれ早かれ、みんな死ぬんですよね。敵は障害だけじゃない。そう思えて、吹っ切れた気がします」

私たちは地域で生活できると自覚する

高校時代の川島さんが、今の自分を見たらなんと思うだろうか。川島さんに尋ねると、「衝撃なんじゃないですかね」と笑った。

「当時の自分に何かを伝えられるとしたら、『世の中、悪い人ばかりじゃない』と言いたいです。『ちゃんと味方はいるよ』って。それがあの頃、一番知りたかったことじゃないかな」

社会に出て、たくさんの人とかかわり、さまざまな経験を経たからこそ、伝えられることがある。川島さんは現在、ほにゃらの代表を務めながら、障害者のリーダーという立場で、地域生活を送る障害のある人たちや、これから自立生活をしようと考えている人たちの悩みに耳を傾け、アドバイスを送っている。まだ出会えていない、かつての川島さんのようなつらさを抱える子どもたちがいるかもしれない。

「介助を使って好きなことができるんだよ、というのが伝わればいいと思っています。寝たいときに寝て、食べたいときに食べられる。そうした人間の生活にとって当たり前のことを実現するのに必要な介助は、ちゃんと国の制度で保障されている。まずは自分にとって必要な支援が何かをちゃんと把握して、そのサービスを使えるようになることが大事です」

国は、どんな障害があっても、障害のない人と同じように地域で生活することを法律で保障している。[*6] しかし、当事者自らが制度を知らなければ、せっかくのサービスに辿り着けず、不利益を被りかねない。

川島さんが思い出すのが、つくばや福井の市役所での職員とのやりとりだ。川島さんがまちで暮らしていくために必要な介助サービスの時間数を窓口で伝えると、職員は決まって「家族の人は介助できないの？」「他に頼れる人いないの？」と返してきた。公費負担を少しでも抑えたい行政は、身辺者による介助を勧めてくる。これに対して川島さんたちは、法律の内容と実例を伝え、正当な権利である必要時間数を確保してきた。それは、自分の生活、そして命を守るためだ。

「役所では、家族など身辺者の状況を聞くのが定型業務になっているのでしょう。そこで、『自分の生活は、自分でちゃんと確立したいんだ』『これは自分の生活だから、家族や恋人に頼りたくない』といかにきちんと伝えられるかが大事です」

「だって、家族は倒れるかもしれないし、恋人は別れるかもしれないじゃないですか」――川島さんが声に力を込めた。

「介助する人がいなくなって一番しんどい思いをするのは、自分です。施設に行くしか道がなくなるのですから。身辺者による介助は、その意味で脆弱です。制度を使って生活を築いておけば、基礎がしっかりします。親が倒れても、離婚しても、自分の生活は崩れない。使えるものを使って、自分の生活を維持すること。それが自立生活です。

自立するのは、自分のためであると同時に家族のためでもあるんです。家族に頼っていると負担をかけるし、依存関係にもなってしまうので」

そして、これだけは必ずおさえてほしいと、付け加えた。

「日本も批准している国連障害者権利条約第一九条には、自立生活、地域生活のことが書いてあります。私たちの生活は、国連で認められているんです[*7]」

結婚は、あくまで通過点

つくば市内の喫茶店で二度、細島さんに二人で話をする機会を作ってもらった。男同士で、というわけではないけれど、野球やバイクなど共通の趣味もあり、細島さん個人の話を聞いてみたかったのだ。細島さんが一九八〇年生まれの「松坂世代」だと聞き、「なんだ、同い年だったんですね！」と、距離が縮んだ気がしてうれしくなった。

一度目のとき、細島さんがケーキの話をした。その前年の七月、婚姻届を提出した日に二人で買ったケーキの話だ。

「シバタさん、実は俺、ケーキを買ったことが一度もなかったんです。だから、こんなに高いんだって、知らなかったんですよ。ここ最近ですよ。誰かのために自分で買って、自分も一緒に食べるというのは」

細島さんがケーキを買ったことがなかったのには理由がある。父親がパティシエだったのだ。

「俺が二四、五歳のときに亡くなっちゃったんですけど。いつも店から、ケーキの切れ端をたくさん持って帰ってくれてたんですよね。俺はあれが好きで。ご近所さんに配ったり、遊びにきた友達に渡したりすると、ちょっと得意な気持ちになれて」

年に一番の繁忙期であるクリスマスは毎年、父の帰宅を弟と夜遅くまで待っていたこと、中学・高校時代は、父親の手弁当を持って通学していたことを懐かしそうに振り返る細島さんにとって、川島さんとの暮らしはどんなものなのか。

「やっぱ、安心感、ですかね。夜帰ってくると家に電気がついているんですよ。玄関開けると、『おかえり』と声がする。家に帰ればいつも通りの生活があるって、安心しますよね。

俺は、いわゆる幸せな一般家庭を知らないんです。福井の実家に行ったときには、これが一般的な、幸せな家庭なんだなと思いました。そういうのに飢えてるっちゃあ飢えているんでしょうね。この前、玄関先に荷物が届いてあったので、置き配かと思って宛名を見たら『向こう』の名前が書いてあって、『あ、俺のじゃねえや』とがっかりしましたけど、自分宛以外の荷物が届くことでも、結婚したんだなって実感しますね」

細島さんの話し方は朴訥だ。ところどころ大袈裟に抑揚をつけるのは、照れ隠しなのだと思う。川島さんへの思いを聞くと、こう続けた。

「ようやってると思います。ここまでくるのに、たくさんのことを乗り越えてきて。彼女は、俺が知らないことをたくさんやってきたんだと思うんです。本当によくここまできたなというか、ようやった！　って。結婚は、あくまで通過点ですね。

いろいろ遠回りもしたけど、俺を信じてくれていてうれしいというか、ありがたいっすよ。つきあい始めて一〇年、お互い歳とったなあ。最近、本当に仕事が忙しくて、会話がゼロの日もある。気をつけないといけませんね」

二人は近く、結婚式を挙げるのだという。川島さんは以前、あるイベントでウエディングドレスを着たことがあったが、本番にとっておきたいと、白は選ばなかった。また一つ、川島さんの夢が叶えられようとしている。

［注］

＊1……**就労継続支援**　障害者自立支援法で定められた就労支援事業。企業などでの就労が困難な障害者に就労の機会を提供し、作業を通じて知識・能力の向上を図る。利用者と事業所が雇用契約を結ぶA型と、結ばないB型がある。A型はパソコン入力作業や飲食店の接客・調理など、B型は手工芸やお菓子作り、部品加工などの軽作業が中心。

＊2……**自立生活センター コム・サポートプロジェクト（コムサポ）**　二〇〇二年に福井市に誕生した、福井県初の自立生活センター。cil-csp.com

＊3……**筑波大学の「学習補助員」制度**　障害のある学生のノートテイクや代筆、朗読、手話通訳、学内の移動介助など、

修学に必要な支援を、大学に登録する学生が行う有償ボランティア制度。現在は「ピア・チューター制度」という名称で運用され、支援の時間数は、障害の種類や程度、学習環境等を考慮し決定される。

＊4……**「遠隔地ルール」制度**　障害者自立支援法第一九条の二により、支援費の支給は障害者の居住地の市町村が行うのが原則だが、本人や保護者が居住地を有しない場合には現在地の市町村が行うとされている。

＊5……**ほにゃきん**　ほにゃら事務所で毎週金曜午後四〜六時に開催している「ほにゃ金懇談会」の略称。自立支援法の勉強や交流など、さまざまな企画を行っている。

＊6……障害者総合支援法（二〇一三年施行）は第一条の二で、「全ての障害者及び障害児が可能な限りその身近な場所において必要な日常生活又は社会生活を営むための支援を受けられることにより社会参加の機会が確保されること及びどこで誰と生活するかについての選択の機会が確保され、地域社会において他の人々と共生することを妨げられないこと並びに障害者及び障害児にとって日常生活又は社会生活を営む上で障壁となるような社会における事物、制度、慣行、観念その他一切のものの除去に資することを旨として、総合的かつ計画的に行わなければならない」と定めている。また、日本国憲法は国民の「幸福追求権」（一三条）「平等権」（一四条）「居住、移転、職業選択の自由」（二二条）「生存権」「国家の生活保障の義務」（二五条）を規定している。

＊7……国連障害者権利条約第一九条「自立した生活及び地域社会への包容」は、以下のように定めている。

「締約国は、全ての障害者が他の者と平等の選択の機会をもって地域社会で生活する平等の権利を有することを認めるものとし、障害者が、この権利を完全に享受し、並びに地域社会に完全に包容され、及び参加することを容易にするための効果的かつ適当な措置をとる。この措置には、次のことを確保することによるものを含む。

(a)障害者が、他の者との平等を基礎として、居住地を選択し、及びどこで誰と生活するかを選択する機会を有すること並びに特定の生活施設で生活する義務を負わないこと。

(b)地域社会における生活及び地域社会への包容を支援し、並びに地域社会からの孤立及び隔離を防止するために必要な在宅サービス、居住サービスその他の地域社会支援サービス（個別の支援を含む。）を障害者が利用する機会を有すること。

(c)一般住民向けの地域社会サービス及び施設が、障害者にとって他の者との平等を基礎として利用可能であり、かつ、障害者のニーズに対応していること」

［介助者のつぶやき］介助を通じて地域の一員に――前川湧さん

出身は京都です。筑波大学への入学を機につくばに来て、三年生だった二〇一七年、ほにゃらでバイトを始めました。

ほにゃらにかかわってから、変わったことはいくつもあります。まずはまちなかの段差が気になるようになりましたね。一人で店に入るときも、段差をまたぎながら「ここスロープあるといいのになぁ」と思ったり。

大学在学中、京都から来た僕にとってつくばは、居心地の悪いまちでした。まち全体が車移動を前提に作られているから、店が点々としていてわかりにくい。ずっと仮住まいをしているような感覚があった。

それが、斉藤新吾さんの介助で一緒に歩いていると、道端やお店で知り合いにしょっちゅう会うんです。会えばその場で「最近、どうですか？」と、立ち話が始まる。僕は物を買ったら、迷惑にならないようさっさと店を出ちゃうタイプだったので、驚きました。

別の利用者の方も、道がわからないと知らない人に気軽に助けを求めるし、そこでのコミュニケーションから仲良くなったりすることがよくある。みんな出会った人とちゃんと関係性を作って、そこからチャンスが生まれていくんです。すごいことだな、と思います。

僕は大学で美術を専攻したのですが、常々、作品制作にモヤモヤしたものを感じていました。卒業制作では賞をもらったけれど、そこに価値を見出せなかった。作品にわかりにくいタイトルをつけて美術館に並べて「これが芸術です」と言って、それが何になるんだろう、って。

ほにゃらのバイトで見ていた斉藤さんやメンバーの人たちは、みんな人とのつながりをすごく大事にしていた。そうして自分が暮らす地域に関係を作り出していくことって、大学に閉じこもって作品を作ることよりも、ずっとクリエイティブなことなんじゃないか、と。自分もそういうふうになりたいと思ったし、介助にかかわることで、僕自身も地域の中で生活している自覚が芽生えたというか、まちの一員になれてきたような気がします。

ほにゃらでバイトを始めたのは、大学卒業後の進路に迷っていた時期です。教員になろうと教員免許を取得していたけれど、そこまで強い思いがあったわけではなかった。そんな僕が教員になることをやめ、ほにゃらに就職したのは、Tさんと出会ったからです。

Tさんの介助に入ったのは、卒業まであと半年というときで、すぐさよならすることになっちゃうなあ、と思いながら始めました。聞いてみると、自分と同い年で誕生日も近く、すぐに関係を作ることができました。Tさんは自分のことをいろいろと話してくれる人で、僕は初めて当事者の人から自らの体験をちゃんと聞くことになりました。

学校生活で苦労したこと、地域で暮らすにあたっては市役所とのやりとりが大変だったこと……そんな話を聞きながら、ハードモードな人生だな、と思いました。それに比べて自分の人生はなんてイージーなんだろう、と。小中高大と、学校には何も考えずに通えたし、つくばへの引越しや一人暮らしはそれなりに大変だったけれど、市役所と複雑なやりとりをすることはない。これまで隣で楽しく普通におしゃべりしてきたTさんが背負っているものの大きさに、戦慄が走りました。「これはなんか違うぞ。人生の大変さが違う」と。

障害のある人が運動を通して権利や制度を勝ち取ってきたことについては、なんとなく聞いてはいました。でもそれは斉藤さんたちの世代、昔の話であって、今は大丈夫、かなり整っているのだと思っていたんです。でもTさんの話を聞いたら、「あれ？　同世代でもこんな大変なの？」って。そしてその大変さは、個人のせいではなく、制度や環境の不備や世の中の空気といった社会の問題であることも、身にしみてわかりました。

そのときはまだ教員になるつもりでいましたが、Tさんとの出会いを通し、こういうことを知らずに教員になってもうまくいかないだろうな、と感じました。Tさんのような人が教室にスムーズに入って来られる環境を、自分は教師として作れるのか。今の自分にはとても無理だろう。それなら今はTさんたちの話をもっと聞くべきだ、そう思いました。

とはいえ、そこですぐに切り替えることはできず、秋頃にほにゃらの事務所で斉藤さんに「悩んでいるんです」と話したら、「まあ、うちで働きなよ」と。それで後日、面接を受けて、ほにゃらに就職することになりました。

僕は他人とコミュニケーションを取るのが

苦手で、他人と近い関係になることを避けてきたところがあるのですが、ほにゃらとかかわって、そこも変わってきました。

介助は、人とのかかわりが避けられない仕事です。物理的に当事者の近くで決まった時間を過ごさなきゃいけない。介助中、なんとなく気まずい空気になっても、関係を悪化させず、長期的なつきあいを保つ必要がある。僕はきっと相手にめっちゃ気を遣わせているんでしょうね。頑張って話そうとしても難しいので、とりあえず介助の間に一回はなんらかの会話をしようと決めています。少しでも自然に話せればいいな、と。

人の話をよく聞くようにもなりました。介助者は当事者の指示をきちんと聞く必要があるからですが、それ以外でも、何気ない会話に臨む姿勢が少し変わってきたというか。

話し好きの当事者の方の介助では僕が聞き役になることが多いのですが、つい「それってこうですよね」って、最後まで聞かずに話をまとめようとしちゃっている自分に気がついて。なるべくそうならないよう、ちゃんと相手の話を聞くように心がけています。相手の様子を見ながら、僕自身の話をしても良さそうなときには、挟んでみたり。そういう一つひとつのことが、僕にとってはクリエイティブな作業です。

今は、再スタートした「ほにゃらキッズ」も担当しています。ほにゃらキッズを経て自立生活を始めた方たちの介助に入って話を聞いていると、皆さん「子どもの頃からヘルパーを使っていろんなところに行ったことが、今の生活につながった」とおっしゃるんです。そ

まえかわ・いずみ
1996年、京都府生まれ。筑波大学芸術専門学群卒。ほにゃらで介助職として働く傍ら、パートナーとともに創作活動も行う（アーティスト名「もっちょこ」）。

れですごく興味が湧いて、かかわることにしました。
ほにゃらキッズを経て大人になった方たちと一緒に、子どもたちを支援できることにも意義を感じています。障害のある子どもたちは、学校や放課後デイ、ヘルパーなどで、大人の支援者との出会いはあるけれど、当事者との出会いは実は少ないんです。ほにゃらキッズのよさの一つは、大人の当事者たちとかかわれること。子どもたちが自分の将来を切り拓いていく過程に立ち会えるのって、すごくいいですよね。

7
ほにゃらで人生が変わった
生井祐介さん

「ここでちょっと待っててください。着替えてきますから」

二〇二一年六月のある日、僕は、ほにゃら事務所から数分のところにある生井《なまい》祐介さんのアパートを訪ねていた。四か月後に予定していたほにゃらがテーマの写真展に向けた撮影のためだ。生井さんはほにゃらで事務職員をしながら、子ども時代に発症した関節リウマチによる障害の当事者として活発に活動している。ポートレイトは、生井さんにとって大切なものと一緒に撮らせてもらおうと考えていた。

しばらくして部屋から出てきた生井さんは、黒いTシャツをまとっていた。白抜き文字とハイコントラストのモノクロ写真が大きくプリントされている。一見へビメタバンドのライブTシャツのようなシャープなデザインだが、よく見ると、それは車椅子に乗る若者たちの写真だった。

そこに写る若者たちは、アメリカ公民権運動の指導者マーティン・ルーサー・キング牧師の言葉「Injustice anywhere is a threat to justice everywhere.（どこかにおける不正は、あらゆる場所の公正への脅威となる）」を刻んだ垂れ幕を掲げている。写真の上には大きく「ADA27 Lead on!!（ADA27よ、導け！）」の文字。

カメラを向けると生井さんはキュッと表情を引き締め、Tシャツがしっかり見えるよう胸を張った。

ＡＤＡとは障害者への差別を禁止し、社会参加を保障するために一九九〇年、世界に先駆けて米国で制定された「障害を持つアメリカ人法（Americans with Disabilities Act）」[*1]のこと。「ADA27 Lead on! Youth Project」[*2]は、自立生活センターの活動を将来にわたって担う障害当事者人材を育成するプロジェクトである。

二〇一七年七月、生井さんは、日本全国から集まった障害のある若者たちと彼らをサポートする介助者ら四〇人余りで、米国のワシントンＤＣで開催される全米障害者自立生活センター全国大会に参加した。

現地では、障害の有無にかかわらず世界中から集まった若者たちと交流した。このＴシャツを着てパレードした記憶は今も鮮明だ。集会では、二〇二三年三月に亡くなった障害者運動の伝説的活動家、ジュディス・ヒューマン氏[*3]らも間近に見たが、より印象に残ったのは、シカゴの当事者団体で活動する女性アンバー・スモック氏[*4]の話だったという。

「彼女の障害者運動への気概とプライドに、すごく刺激を受けました。例えば、手話通訳がついていないイベントには、彼女の団体は決して参加しません。イベントを開催するのなら、主催者はどんな障害のある人でも参加できるように環境を整えなければいけない、というのです」

生井さんは活動の一環としてその後、ニュージーランドやスイスなどにも行っている。

「ほにゃらに入って、僕の人生は大きく変わりました」

飄々とした佇まいが印象的な生井さんの口ぶりは、いつもと違って熱がこもっていた。「人生が変わった」という言葉の背景をもっと知りたくなり、別日に改めて話を聞かせてもらうことにした。

まさか自分が海外に

「まさか僕が海外なんて行けると思ってなかったですよ」

湯気の立つカップからコーヒーをひと口ふくむと、生井さんははにかみながらそう言った。

この日の待ち合わせ場所は、筑波山麓のレトロな雰囲気のカフェ「ポステン」。つくばの中心街からは車で三〇分ほどの距離がある。昭和初期から中期にかけて郵便局として使われていた木造家屋を改築したこの喫茶店は、地元の牧場で仕入れた濃厚な牛乳も販売していて、生井さんは毎週買いに来ている。

生井祐介さんは一九七七年、茨城県南西部の八千代町生まれ。公務員の両親のもと、二人兄弟の長男として育った。八千代町は、広い平野を生かした農業が盛んで、白菜の生産高が日本一の町としても知られている。

生井さんが関節リウマチを発症したのは、小学校入学直後。はじめは首に痛みを感じ寝違えたのかと思ったが、徐々に手首や膝、股関節などに痛みが広がっていった。いくつかの手術と薬の効果で痛みはだいぶ和らいだが、今も長時間の歩行には、杖や車椅子を利用する。しゃがむのがつらいため、週三回、月に一三時間派遣されるヘルパーに部屋の掃除やゴミ出しなどの介助を受けながら、つくば市内のアパートで一人暮らしをしている。

生井さんは、僕がほにゃらとかかわるきっかけを作ってくれた人でもある。

僕は茨城に戻った二〇一八年、初めて訪ねたほにゃらの事務所で生井さんと知り合った。それ以来、イベントがあるたびに、生井さんから会場でのボランティアや撮影スタッフにと声がかかるようになった。ほにゃらへの関心が高まっていた僕は、次第に頼まれてもいないイベントにも顔を出し、追っかけカメラマンのようにほにゃらの活動に出入りするようになる。

当時を振り返りながら、「巻き込んじゃってよかったんですかね」と、生井さんは笑ったが、イベントの前後でしか話す機会のなかった生井さんと初めて膝を突き合わせて話ができるとあって、僕はこの日を心待ちにしていた。

僕の中で生井さんは、「フットワークの軽い紳士」というイメージだ。襟付きシャツをパリッとクールに着こなし、スポーツタイプの愛車を飛ばしてどこにでも現れる。時折、鋭いひと言を発しては、ニヤリと笑みを浮かべるのも、ニヒルで格好良い。

あるとき、共通の知人が主催する映画の上映会が、神奈川県三浦市で開かれた。「遠いなぁ」と思いつつも、僕との縁が深い方の主催だったので、一二〇キロ以上離れた茨城から駆けつけた。すると、そこに生井さんが颯爽と現れたのだ。こんなに遠いところで会うとは思ってもみなかった僕はびっくりして、思わず「いや、どうも」と、茨城弁が口をついて出た。障害のある人の行動範囲がそんなに広いはずがない、という思い込みが、僕の中にあったからだと、今は反省している。

リハビリ中のアルバイトのつもりが……

今でこそ国内外を飛び回る生井さんだが、以前は完全なインドア派だったという。

「小学校低学年で発病して以来、外で遊べず、うちでプラモデルを作ったりするのが好きでした。痛みが一番ひどかった時期を知っている人が今の僕を見たら、きっと信じられないでしょうね」

関節リウマチは、炎症を起こした関節が腫れ、次第に痛みが増していく病気だ。自宅の目の前だった小学校へは徒歩で登校できたが、距離のあった中学、高校には両親が車で送迎した。物理を学ぶべく、地元から離れた県内の大学に進学。運転免許を取得し、大学近くのアパートで一人暮らしを始めた頃から、痛みがひどくなっていく。

「大学はバリアフリーじゃなかったから大変でしたよ。でも、学内まで車で乗り入れる許可をもらえたので、校舎のすぐ前まで車で行っていました。ゼミの先生もすごく優しい人で、四階にあった研究室に僕が階段を登らなくていいようにと考えてくれて、一階に別の教室を借りてくれたんです。今でいう『合理的配慮[*5]』ですね」

将来は大学院に進もうとぼんやり考えていたが、四年生になる頃には「身体がボロボロ」、膝の痛みは限界に達し、階段を上ることさえままならなくなっていた。

大学卒業後すぐに両膝の手術をした生井さんは、埼玉県所沢市にある国立障害者リハビリテーションセンター（国リハ）に入寮する。そこでリハビリをしながら併設の職業訓練校に通い、パソコンでの画像編集や、ＣＡＤを使ったデザインや図面作成を勉強した。

一年後、学んだことを生かして茨城県内の企業に就職したが、半年で退職してしまう。

「車を事務所の前に停めさせてくれるなど、会社は僕の身体にある程度の配慮はしてくれていたんです。でも、仕事が忙しすぎて僕にはキツかった。週五日、フルタイムで働くと身体がついていかないんです。土日はずっと家で寝ているしかありませんでした」

退職後、悪化していた股関節を人工関節に置き換える手術をした。膝と違って、股関節の手術は左右同時にできない。まず右側から手術し、半年のリハビリの後、左側を手術することになった。

このとき入院したのが、ほにゃらと目と鼻の先、天久保にある筑波大学附属病院だった。最初の手術を終え、同病院のリハビリセンターに通っているときに、リハビリの先生からほにゃらの事務局長・斉藤新吾さんを紹介される。二〇〇六年、二九歳のときだ。

「アルバイトでもしなきゃと思っていたら、先生に『ほにゃらっていう団体があるから、そこでバイトしたら？』と言われて。それで事務所に電話したんです。

びっくりしましたよ。『斉藤さんいますか?』と聞いたら、『斉藤は今、サッカーのワールドカップを見にドイツに行ってます』というんですもんね。重度の障害のある車椅子の人が海外に行くなんて考えてもみなかった。いやぁ、すごいとこに電話しちゃったな、って感じでした」

生井さんが、いかにも愉快そうに話すこのエピソード。僕も、斉藤さんがあちこちの外国に出かけていると初めて聞いたときには、思わず「えー」と声を上げてしまった。二四時間介助が必要な重度障害のある人が飛行機で海外に行くことへの単純な驚きだけでなく、「自立生活」とは、こんなに人を自由にするのかと感心したのだ。同時に、これはできる、これはできないと、自分がつまらない常識に囚われて生きていたことを思い知らされた。

後日、ドイツから帰ってきた斉藤さんに面接をしてもらい、アルバイトに入った生井さんは、介助派遣に関する事務作業をしながら、次の手術までの約半年間をほにゃらで過ごした。手術の前後しばらくは仕事を中断したが、辞めることは考えられなかったという。

「周りの人は僕がそのまま辞めると思ったようですが、『いさせてください』とお願いしました」

なぜ、ほにゃらに居続けたいと思ったのだろう。

「働きやすかったんですよね。斉藤さんなど障害のある人が働いていたし、健常者のスタッフも障害者をすごく理解してくれていた。それに、ゆるい感じがいいじゃないですか。服装だってうるさく言われない。逆にスーツ着てきたら『なにかあったの?』と言われちゃうくらいで。そういうところからして、他とは違う。居心地がよかったんです」

生井さんの言葉に、僕は大きく頷いた。ほにゃらのこの間口の広さというか、大らかさが僕は好きだったのだ。そして、適度な距離感で声をかけてくる生井さんは、まだかかわりの薄かった僕とほにゃらとの間にさりげなく橋を渡してくれる、とてもありがたい存在なのだった。

現在、生井さんのほにゃらでの勤務時間は、障害に配慮して常勤の人の八割程度。休みも週に三日、取れている。仕事は事務作業が中心だが、イベントのチラシデザインも担当する。活動でつながった他の団体のイベントがあれば、横断幕のデザインを請け負うこともある。国リハで学んだ知識と技術を存分に活かして、仕事に打ち込んできた。

「楽しく働ければいい」から「条例づくりの主導者」に

「僕はほにゃらに入るまで、重度の障害がある人との接点なんてなかったんですよ。自立生活センターの存在だって知らなかった。ほにゃらに入ってからも、初めは運動にはかかわらず、事務作業だけやって、イベントにちょっと顔を出すくらいでした」

そんな生井さんの意識を変えたのが、障害者への差別を禁止する条例（「障害のある人もない人も共に歩み幸せに暮らすための茨城県づくり条例」[*6]）の制定を目指す活動である。

二〇〇六年、千葉県で「障害者差別解消条例」ができたのをきっかけに、同様の条例づくりが日本各地で活発になっていた。その背景には、前述の一九九〇年に米国で制定された「障害を持つアメリカ人法」、同年に国連で採択された「障害者権利条約」がある。日本では、こうした障害者をめぐる国際的な動きを受けて、二〇一一年に「障害者基本法」が改正され[*7]、一三年に「障害者差別解消法[*8]」が成立。一四年、国連の「障害者権利条約」の批准へとつながった。

どんなに重い障害があっても差別を受けることなく、誰もが好きな場所で暮らし、学び、働き、障害のない人と同じように暮らせる社会にしていくことを世界の共通理解とすべく、障害者を取り巻く環境づくりへの指針を示したこの「障害者権利条約」は、世界一八八の国と地域が締結している（二〇二三年一〇月現在）。

条約全体を貫いているのが、「障害の社会モデル」だ。「障害」は人の側にあるのではなく、社会が作り出しているという考え方である。

例えば、建物の入り口に段差があるとする。段差があると、車椅子では入れない。このとき、問題となる障害はどこにあるのか。歩くことのできない車椅子に乗る人だろうか？　いや、そうではない。「段差」という建物の構造が、障害を作っているのだ。

これはまち全体の構造にもおよぶ。音声案内や点字の案内板がないことで、目の見えない人が行きたいところに行けない。段差があるせいで車椅子で移動できない。そうしたまちにある「障害」の一つひとつを、案内板やスロープを設置するなどして取り除いていくことが必要だ。社会が障害の特性やその状態に適した変更や調整（「合理的配慮」）を行えば、障壁はいともたやすく解消されることになる。

条約には、車椅子での入店を断るなど、障害を理由に人が社会に参加する機会を奪うのは差別であるとも、はっきり記されている。そのほか、雇用や教育、文化・スポーツにおける差別禁止が盛り込まれ、締結国の政府に、条約内容を反映した環境の整備を求めている。「私たちのことを私たち抜きに決めないで」というスローガンのもと、条例作成には多数の障害者が参加するなど、当事者の視点で作られた条約であることも、注目に値する。

こうして世界的に障害者を取り巻く環境が大きく変化する中、二〇一四年前後には日本各地でも地域レベルの条例づくりが活発になっていったのだ。

茨城県ではほにゃらと、水戸市の「自立生活センターいろは[*9]」が手を取り合い、他の当事者団体にも働きかけて、二〇一一年に条例づくりの準備団体「茨城県に障害のある人の権利条例をつくる会（いばけんつ）[*10]」が立ち上がる。この頃から生井さんは、徐々に運動にもかかわるようになっていく。

二〇一四年三月、生井さんに一つの「任務」が与えられた。それは、前年に条例が制定された沖縄県に行き、条例作りを主導した同県宜野湾市の「沖縄県自立生活センター・イルカ[*11]」から活動のノウハウを学ぶこと。

「斉藤さんから『沖縄行って勉強してきて』って急に言われて（笑）。沖縄の自立生活センターが条例を作って、そのアピールのための大掛かりなイベントをやるから、条例制定後の周知活

2021年7月23日午後2時。東京オリンピックの開幕を告げる聖火が都庁に到着した2時間後、つくば市中央公園ではほにゃらによる「せいかパレード」が行われた。
聖火トーチを模した生花のブーケを手に掲げる生井さんを先頭に、笑顔で炎天下の公園を行進する。設立から20年、たくさんの介助者がリレーのようにつながったことで障害当事者は暮らしてこられたとの思いを、火ではなく花に込めた。賛否両論が渦巻いた東京五輪への、ほにゃららしいアンチテーゼでもあった

動を学んでこい、と。一人で行って、一週間弱滞在しました」

笑いながら当時を振り返った生井さんは、こう付け加えた。

「今思えば、これが自分が変わるきっかけでした」

運動デビュー

条例制定から一年が経った沖縄では、施行日を前に周知活動が活発に行われていた。

「盛り上がっていましたね。翌週、大きな会場で開催するイベントの準備でみんなバタバタでした。僕もイベントで使うパワポ資料に読み仮名をふる作業を手伝いながら、実際に条例づくりにかかわった人たちから県とのやりとりや運営方法など、いろいろと教えてもらいました」

沖縄での怒涛の一週間を終えて茨城に戻った生井さんを、大きな仕事が待ち構えていた。茨城県議会でも三月二〇日、障害者への差別を禁止する条例「障害のある人もない人も共に歩み幸せに暮らすための茨城県づくり条例」が可決、成立したのだ。条例の施行は翌年四月一日。それまでの一年間で、県内に周知しなくてはならない。そこでまず、県内五か所でのタウンミーティングを開き、他の障害者団体に条例の内容や、条例によって期待できることを周知した。その次に企画したのが、まち中をみんなで歩き、条例の必要性をPRする「パレード」である。

沖縄では二〇一〇年、条例制定を求める署名集めを目的に、車椅子の障害当事者と支援者らがたすきをつなぎながら、一五〇キロもの道のりを歩き、沖縄本島をめぐるイベント「うちなーTRY（トライ）」[*12]と、離島をめぐる「離島トライ」が行われた。条例制定への機運を大いに高めたこの一大イベントの話が脳裏に強く残っていた生井さんは、茨城でもトライのようなイベントができないだろうかと考えたのだ。

僕自身も、つくば市で二回、県北部の日立市で一回、「いばけんつ」主催のパレードに参加したことがある。毎回、ほにゃらといろはのメンバー、県内外の当事者や支援者たちが駆けつけていた。色とりどりの風船を手に太鼓を鳴らし、条例をアピールする掛け声とともに、まちを練り歩く。コロナで開催できない期間が続いたが、二〇二三年には八回目が開かれている。

このパレードの第一回が行われたのが、条例施行を翌日に控える一五年三月三一日だった。コースは水戸の千波湖から県庁までの約五キロ。生井さんにとって、イベントを仕切るのは初めてのこと。運営はとにかく大変だったと、バツが悪そうに振り返る。

「僕の段取りが悪くて。パレード終了後に県庁前の広場を借りて集会を開いたんですけど、会場づくりにもたもたして、県庁の人にやってもらったり。みんなに怒られちゃいました」

しかしこの失敗は貴重な経験として、その後の活動に生かされていく。イベントを開催するには、事前に誰とどんなやりとりが必要で、どう周知すればいいのか。当日の段取りについても勉強した。経験を積むうちに、人とのつながりが生まれ、助成金のアドバイスをくれる人も出てきた。今ではそうした手続きもお手の物だ。

とはいえ、事務所勤務だけで体力的にも精一杯だった生井さんが、今では時間外にも働くほど忙しくなっている。キツくはないのだろうか。

「そんなこと言ってたら、やってられないというか。同時に動いている企画が多いから、日曜や夜に連絡が来ることもあります。これはやらなきゃいけない活動ですしね」

生井さんはその後、いばけんつの共同代表に就き、条例制定後のフォロー活動を続けている。

「条例ができたおかげで、県に障害者差別相談室*13が設置されたんですよ。県内で起きた差別の相談は、全部そこに持ち込まれることになっています。とても大きな前進です。僕たちは毎年、県から相談事例を報告してもらう『差別相談室の報告会』を開き、内容を把握するようにしています。県とは協力しながらも、『ちゃんと見てるぞ』と示さないと」

条例は作って終わりではない。その後の運用にも積極的にかかわり、条例が掲げる「障害の有無にかかわらず住みなれた地域で共に歩み幸せに暮らすことができる社会の実現」への動きが後退しないよう、当事者としてチェックをし続けているのだ。責任は重大だが、生井さんの口ぶりには、それゆえのやりがいと、これまでの取り組みで培った自信が滲んでいた。

自立生活のバトンを渡していくために

生井さんは、これからもほにゃらで活動し続けたいと考えている。前の仕事を辞め、ほにゃらに来て感じたことがずっと心に残っているのだ。

「障害者のことをここまで支えてくれるのか、と感動したんです。これだけ頑張ってくれる人たちとなら、僕も一緒にやっていきたいという思いになったんですよね。

自立生活運動と出会ったおかげで、僕は今、地域で自分らしく生活できています。けど、そうじゃない人もいっぱいいる。自立生活というあり方がまだまだ知られていないと痛感します。まずは知ってもらう、興味を持ってもらうのが大事。イベントをするのもそのためです」

ほにゃらと「自立生活」との出会いは、文字通り、生井さんの人生を変えた。

「もう実家には戻れません。田舎で不便だからというのもありますが、この環境を変えたくないんです。今はつくばに仕事があり、ここが居場所になっている。環境を変えるって大変。年をとるとなおさらですよね」

生井さんは笑顔を浮かべながら、「そういえば」と、こう付け加えた。

「実は斉藤さんを紹介してくれたあのリハビリの先生、学生時代、ボランティアで斉藤さんの介助をしてたんですよ。で、斉藤さんから『一緒に活動できそうな障害者いたら紹介して』と言われていたみたい。あとで聞いたんですけどね」

つくばには、ほにゃらが張り巡らせた網の目のようなネットワークがあるようだ。生井さんはその網に、まんまとかかってしまった。まるでどこかの国のスパイ映画のようだな、と思わず笑ってしまった。

[注]

＊1……**障害を持つアメリカ人法**（Americans with Disabilities Act：ＡＤＡ）障害を理由とする差別を全面的に禁止し、障害のある人々の完全な社会参加を保障する法律。公的機関、企業、公共・民間施設の運営者に対し、必要な条件の整備（合理的配慮の提供）を義務づけた。

＊2……**ADA27 Lead on ! Youth Project**　ＡＤＡ制定から二七年目の二〇一七年七月、日本の障害当事者が企画した若手障害者の米国研修プロジェクト。「自立生活センター」や「障害者インターナショナル（ＤＰＩ）」で活動する当事者約二〇人が参加し、約一〇日間の日程で米国の障害者運動を学んだ。

＊3……**ジュディス・ヒューマン**　Judith Heumann（一九四七〜二〇二三）「障害者権利運動の母」として知られるアメリカの障害者運動・自立生活運動の世界的リーダー。七〇年代よりバークレー自立生活センターや米国障害者協会等での活動を通じ、障害者の人権を前進させる法制度の発展に貢献。クリントン、オバマ両政権で障害分野の特別アドバイザーを歴任し、世界銀行初の「障害と開発」アドバイザーとしても国内外における障害者の権利擁護に尽力した。

＊4……**アンバー・スモック**　Amber Smock　ろう者として米国シカゴの自立生活センター「アクセス・リビング（Access Living）」のアドボカシーディレクターを務める。

＊5……**合理的配慮**　障害のある人が他の人と平等に社会参加できるよう、一人ひとりの特徴や場面に応じて発生する困難を取り除くために、ルールや環境を個別に調整・変更すること。

＊6……**障害のある人もない人も共に歩み幸せに暮らすための茨城県づくり条例**　国連障害者権利条約の趣旨を踏まえて二〇一五年に施行。障害の有無にかかわらず誰もが住みなれた地域で社会に参加し、幸せに暮らすために行うべき県の責務や県民、事業者の役割を示している。

＊7……障害者権利条約の批准に向け、障害者に関する法律や制度の基本的な考え方を記した障害者基本法が、「障害の社会モデル」「合理的配慮」「地域社会における共生」「差別の禁止」などが盛り込まれたものに改正された。

＊8……**障害者差別解消法**　「障害による差別を解消し、誰もが分け隔てなく共生する社会を実現すること」を目的とした法律。「不当な差別的取り扱い」を禁止し、「合理的配慮の提供」を求めている。

＊9……**自立生活センターいろは**　二〇〇五年に茨城県水戸市で発足した自立生活センター。県央、県北地域を中心に活動している（代表・稲田康二）。

＊10……**茨城県に障害のある人の権利条例をつくる会（いばけんつ）**　茨城県に障害者権利条例を作ることを目的に、県内の当事者団体が中心となり、二〇一一年に活動を始めた団体。一五年に「障害のある人もない人も共に歩み幸せに暮らすための茨城県づくり条例」が施行されて以降は、同条例の周知、障害の理解啓発活動を行っている。ibakentsu.org

＊11……**沖縄県自立生活センター・イルカ**　一九九三年、沖縄県初の自立生活センターとして、宜野湾市佐真下で設立。九九年に現在の団体名に。二〇一三年に成立した「沖縄県障害のある人もない人も共に暮らしやすい社会づくり条例（インクルーシブ社会条例）」作りを主導した。生井さんが手伝ったのは、二〇一四年三月に開催された「障害のある人もない人も暮らしやすい地域づくりフォーラム～手と手をつなぎあたらしい一歩に」。

＊12……**うちなーＴＲＹ**　二〇一〇年四～五月、沖縄県の障害当事者が中心の「障がいのある人もない人もいのち輝く条例づくりの会」らが、「県障害者の権利条例」の制定を求め、沖縄本島を縦断しながら行った署名活動。六～七月には宮古、石垣、伊江の離島でも「離島ＴＲＹ」を開催し、合計三万一〇〇〇筆以上の署名を集めた。

＊13……**茨城県障害者差別相談室**　茨城県手をつなぐ育成会内に設置された、障害のある人への差別に関する相談窓口。来所、電話、ＦＡＸ、電子メールでの相談を受け付けている。www.ibaikuseikai.com/discrimination-consultation

8
まちの形を変える制度を作る

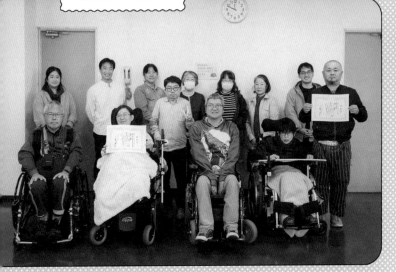

二〇二二年九月、ほにゃらのメンバーや職員もよく訪れるつくば市天久保の珈琲豆販売店「千年一日珈琲焙煎所」の入り口に、スロープがついた。

電動車椅子の重さにも耐えるよう鉄枠で補強され、傾斜角度や幅にも余裕がある。塗装は、店舗の外観や内装の雰囲気に合わせた艶消し仕様。実用性だけでなく、見た目にもこだわりを感じる美しいスロープだ。

スロープをデザインしたのは、店の代表、大坪茂人さん。大坪さんは天久保地区内に同店とカフェ、印刷所の三店舗を展開している。いずれも、「障害を持つ人たちがまちなかのお店で当たり前に働く風景を作っていく」ことが目的の、多機能型事業所だ。

スロープの制作と設置工事は、知人から紹介された近隣地域の鉄工所に依頼した。つくば市による「合理的配慮支援事業補助金[*1]」を利用したところ、自己負担なく作ることができた。

「スロープ設置にはそれなりに費用がかかる。個人店だけで負担するのは大変なので、助成制度はありがたかったです」と大坪さんは言う。

「スロープがつけば、車椅子の方だけでなく、ベビーカーの人や怪我をしている人もお店に入りやすい。それだけでまちは暮らしやすくなるし、車椅子の人にとっては世界が広がることになる。店にいろいろな方が来てくだされば、僕自身の世界も広がるんですよね。助成金制度を使って、まちの中にもっとバリアフリーのお店が増えればいいですね」

合理的配慮とは、身体や知的、精神などさまざまな障害のある人が、健常者と同じように等しく社会参加できるよう、それぞれの障害に応じて、社会にある障壁を変更、調整すること。段差に対するスロープの設置や、筆談、読み上げ、手話などのコミュニケーション手段の確保、障害の特性に応じた教育環境の整備など対象は多岐にわたる。

二〇一八年五月につくば市で始まったこの助成制度は、一三年に国が制定した「障害者差別解消法」が求める「合理的配慮」の実現を目的とするものとして、県内で初めて実現した。市内の事業所や住民自治組織で使う点字メニューの作成やスロープ、手すりの設置、トイレの改修工事などに対して交付される。制度誕生のきっかけとなったのが、一七年にほにゃらが市に提出した請願書である。

つくば市にはこれ以外にも、ほにゃらのアイディアが形になった制度がいくつかある。そのはじまりが、市議・市長選の候補者への福祉政策の公開質問だ。

二〇一六年一〇月に行われたつくば市議・市長選挙で、ほにゃらは「合理的配慮助成金」を含めた四つの福祉政策を提言にまとめ、各項目に対する賛否を全候補者（市長選三人、市議選三八人）に問うたのである。

ほにゃらの出した提言は以下の通り。

(1)障害者差別解消支援地域協議会の設置

⑵合理的配慮の提供を支援する助成制度の策定と実施
⑶特別支援教育支援員が校外行事に従事できるように市の内規を改めること
⑷介護職員の人材確保について：「就労スタートアップフォロー給付金」及び「就労キャリアアップ費用給付金」の交付対象に、障害福祉サービスを提供する介護事業所に従事する職員を加えること

回答はウェブサイトで公開し、投票先を選択するための一助とした。

これらの提言のうち、⑴、⑵は実際に実現し、⑶については、障害児が普通学校に通学する際に必要な「支援員」の増員が決まった。

四年後の二〇二〇年つくば市議選に際しては、過去四年間の市議会の議事録から、市議の一般質問と執行部の答弁内容を検索にかけ、「障害」に関するものを拾い上げて冊子「つくば市議会を『障害』でポチッと検索」にまとめた。障害について議会で何が議論されているかを広く知ってもらい、投票の参考にしてほしいと考えたからだ。


一連の活動の意図を、事務局長の斉藤新吾さんはこう話す。

「政治で市民の生活が変わるわけですから、そこにちゃんとコミットしていきたいと思ったんです。自分たちの暮らしを、誰かの意向で決められたくはありません。ちゃんと民主的に議論し

て決めてほしいのです」

政治参加への斉藤さんの思いは強い。

「障害のある人が政治に参加するのって、難しいんですよ。それは物理的な難しさだけじゃない。そもそも蚊帳の外に置かれるし、(本人が自ら) 蚊帳の外にいちゃったりもする。

選挙で自分の関心事が話題に上ることはほとんどありません。選挙公報に載るのはせいぜい『障害福祉を充実させる』という文言くらいで、具体的な内容は全然わからない。自分の声、自分の一票なんて関係ないじゃんって思っちゃう。でもそうじゃない。自分たちの声で社会が変わることもある。僕はそのことを、もっとみんなで実感したいんです」

政治参加は条例づくりから始まった

当事者が声を上げなければ、社会は変わらない。「つくば自立生活センター ほにゃら」設立の原動力にもなったその思いが一つの形となったのが、二〇一四年に茨城県に誕生した、「障害のある人もない人も共に歩み幸せに暮らすための茨城県づくり条例 (茨城県障害者権利条例)」だ。

二〇〇〇年代に入り、国連では「障害者権利条約」の採択に向け議論が重ねられていた。条約 (一二月採択) に先駆けての条例成立をと国内は盛り上がり、〇六年一〇月、千葉県で国内初の障害者の差別を禁じる「障害者差別禁止条例」が成立すると、各地で同様の条例づくりを目指した運動が始まったが、茨城県はその動きに乗り遅れていた。

「『茨城県は絶対、条例作んねえだろう、作ってもどうせ、しょぼいのにしかなんないだろう』と思っていました。悔しかったけど、文句を言っててもどうしようもねえやと思ったんです。だったら自分たちで一生懸命働きかけて、条例を作ってやろうって。それがスタートでした」

こうして斉藤さんは二〇一一年、水戸市の「自立生活センター いろは」とともに県内で活動する障害の当事者団体に呼びかけて、「茨城県に障害のある人の権利条例をつくる会（いばけんつ）」を立ち上げる。生井祐介さんが障害者運動にかかわるようになったのも、この時期だ。

会を立ち上げた翌日に、東日本大震災が発生。このため、「いばけんつ」の活動の中心は、必然的に被災した障害者に向かうこととなった。

最初の活動は、茨城県内の障害者の被災状況と、被災後どのような支援を受けられたかを調べるアンケート調査。質問はネットで公開するとともに、実際に各地の避難所を訪問し、直面している困りごとを聞き取った。斉藤さんはその中で、人がつながることの大切さを実感する。

「茨城は東北ほどの被害ではなかったけど、障害があるため避難所に行けず、支援を受けられなかった事例をいくつも聞きました。災害が起きて孤立すると、必要な支援が届かず、障害者の生活は健常者以上に厳しくなってしまう。それを防ぐには、普段からゆるいネットワークでさまざまな人とつながっていることが必要です。何かあったとき、お互いのことを気にかけ合えれば全然違うと思ったのです」

被災者たちの姿を目の当たりにしながら、「人づきあいが苦手」な斉藤さんは、自分もいざとなったら孤立してしまうのではないかと恐怖感を抱いたという。

「条例づくりも大事だけど、この活動を、県内の障害のある人たち同士がつながる機会にできたら、相当心強くなるなと思いました」

この経験から、斉藤さんは障害の種別を超えた、より広いつながりを意識するようになる。

「条例づくりに取り組むまでは、本当に自分たちのことしか考えていなかったんです。というか、自分たちの介助を回すだけで精一杯だった。でもこのとき、つくば市内でもこれまでなかったつながりができて、この人たちともっと一緒にやっていきたいと思いました」

新たな目標を得た「いばけんつ」はその後も活動を続け、「茨城県障害者権利条例」は二〇一四年に議会を通過、一年間の準備期間を経て、一五年に施行された。

「自分たちで政治を動かせたと実感した出来事でした。この成功体験から、つくば市政への思いはいっそう強くなりました。自分たちが建設的に働きかければ、市政にも変えられることがたくさんある。そんな感覚を、実感として持てるようになったんです」

障害福祉は長期的視点で

つくば市で二〇年以上活動し続ける斉藤さんが今、力を入れているのが、市民有志によるまちづくりプロジェクト「障害×提案＝住みよいつくばの会（住みよいつくばの会）*2」である。

つくばのまちを障害福祉の視点で変えていこうという取り組みで、市内で活動する身体、視覚、知的、聴覚障害など、異なる障害の当事者やその家族、支援者らに呼びかけて、二〇一八年に発足した。

自立生活を目指す障害者が必ず直面する、住まい問題へのもどかしさがずっと気になっていた。ほにゃら設立から二〇年が経っても、車椅子の人がスムーズに入居できるアパートを見つけるのは至難の業である。入口にスロープがあってお風呂を含めた室内に段差がないという部屋は、いまだ少数だ。

「この状況は、僕らが一〇年前から取り組んでこなかったせいです。このまま何もしなければ、二〇年後も変わらないでしょう。今からでも取り組み、将来を変えていきたいと思いました」

つくば市には、合理的配慮が行き届いたバリアフリーなまちになってほしい。障害福祉は都市計画のように、数十年単位の長期的視点で進めていく必要がある。合理的配慮支援事業補助金の制度を作るよう市に働きかけたのは、そんな思いが昂じた末のことだった。

「市内の施設やお店が補助金を利用してくれれば、まちづくりには合理的配慮が求められることが徐々に市民に伝わり、入口にスロープがあることが当たり前になっていく。そうした意識が浸透することで、建物の設計段階からスロープが考慮されるような状況を作っていきたい」

まちなかのお店や施設がバリアフリーになる――すぐには実現できない夢かもしれない。しかし、だからこそ、一〇年後を見据えた長期計画を今立てる必要があるのだ。

「バリアフリーの部屋が年に二部屋ずつできれば、一〇年後には二〇部屋になる。そうすれば、今よりも二〇人多く、障害がある人が地域で生活できることになります」

当時者を「蚊帳の中」に入れる

バリアフリーのまちづくりを目指す斉藤さんが呼びかけた「住みよいつくばの会」には、ほにゃらのメンバーだけでなく、種別を超えた当事者が集まっている。それは、障害者と一口に言っても、障害の違いによって困りごとがまったく異なり、当事者同士でもわからないことが多いからだ。

「例えば、僕は聴覚障害のある本人から話を聞くまで、かれらが何に困っているのか理解していなかったし、聾唖の制度もまったく知らなかった。それは相手も同じ。異なる障害のある人同士が互いに直面している問題を聞き合いながら政治参加の仕方を考えるのも、会の目的です」

当事者も多様なら、かれらをサポートする健常者も多様である。

斉藤さんの呼びかけに賛同して参加する一人が、徳田太郎さんだ。つくば市在住の徳田さんは、議論の舵取りを担うプロのファシリテーターとして全国でワークショップや講座を実施しながら、市民活動や地域づくりに携わっている。

実は斉藤さんは長年、市民運動のあり方に疑問を抱いていた。

「声の大きな人の意見だけが通ってしまったり、意見がまとまらず、議論が散漫になったりすることが多かったんです。せっかく参加したのに、嫌な気持ちが残る。それが市民団体の弱点だと思っていた。だから、議論を整理し、自分たちが話していることを可視化してくれるプロのファシリテーターの力を借りることにしました」

徳田さんと知り合い、議論には正しい進め方があり、それには技術が必要だと知ると、これまで参加していた福祉事業所同士の会議の問題点が見えてきた。

「それぞれが持つアイディアや思いはすごくいいのに、ビジョンやコンセプトを共有しないまま意見をぶつけているから、うまくいかないんだ、とわかったんです。だから『住みよいつくばの会』では、提案をきちんと組み立てて、市の担当課や議員を説得しようと考えた。そうした地道な取り組みは、まちの変化に必ずつながるはずだ。当事者である僕たちが政治にかかわる力をつけることが、一〇年後、二〇年後のつくばを変える一番の近道なんじゃないかって」

「蚊帳の外に置かれちゃってたり、いちゃったりする」障害のある人が、自ら蚊帳の中心に立つための経験を積んでいく。「住みよいつくばの会」とは、まちだけでなく当事者自身の将来をも見据えた経験蓄積と実践の場でもあるのだ。

参加者には、市議会議員もいる。

「かれらも障害福祉に熱心に向き合い、こういう視点がないといけないんだと学んでくれている。

なにより議会の進め方を知っているから、心強いですよね」

斉藤さんたちの思想に賛同した多様な人たちが、垣根を超えて集まり、それぞれの力を持ち寄って社会を変えようとしている。二〇年前、「つくば市に自立生活センターを作りたい」という熱意を発信し、「この指とまれ」で始まった「ほにゃら」。当時を彷彿とさせる新たなチームが、再び斉藤さんを中心に生まれつつあるのだった。

「市民が広く政治に参加できる場を作りたかった。まちづくりには住民参加、当事者参加が不可欠です。市役所に丸投げするのではなく、当事者から『こういうことなら、こうすれば解決できる』と提案し、話し合っていきたいんです。当事者も、ほにゃらだけは足りない。さまざまな人たちと協力して市政に参加できたらと思っています」

アイディアを「提案」にする

二〇一六年には「ほにゃら」として行った立候補者への公開質問を、二〇年のつくば市長選挙・市議会議員選挙では、発足から一年半の「住みよいつくばの会」が行うことになった。

今回の提案は、すべて障害の当事者やその家族が直面する「困りごと」に基づくものだ。当事者たちだからこそ持ち得た「解決案」を活かそうというのだ。

「障害がある人は、たいてい問題解決のアイディアを持っているんです。ただ、困っているから、

イベントする時に
一緒に住んでいる

どうしても即応性を求めがちになる。市役所の窓口で『困ってるからどうにかしてください』と要求しても、すぐには解決できない場合が多い。すると『役所は何もしてくれなかった』って思っちゃう。それはもったいないと思います」

せっかく当事者だからこそ気づける問題があるのなら、どうすれば解決できるのかまで考え、戦略的な「提言」の形で市政に届けよう。そうすれば結果は違ってくるはずだ。予算の限界や実現性など、ハードルを指摘されることはあるだろう。指摘されたら、役所と話し合いながら克服方法を見出していけばいい。話し合いを繰り返すことで、役所との間にも建設的な関係が築かれていくはずだ。そう考えたのである。

こうして「住みよいつくばの会」は以下の六つの提案を、二〇二〇年つくば市長選挙・市議会議員選挙の全立候補者に対して公開質問するとともに、選挙前に印刷物や会のウェブサイト、SNSで広く発信し、市民に周知した。

(1)福祉タクシー券を他制度との選択制とし、社会参加を促進する
(2)就労中の重度障害者への公的な介助サービスを実現する
(3)市役所に遠隔手話通訳システムを導入し、本庁以外でも利用できるようにする
(4)改正バリアフリー法に基づき、つくば市のマスタープラン・基本構想を作成する
(5)避難行動要支援者の個別避難計画の策定を進める

⑹宿泊を伴う校外学習への特別支援教育支援員の付き添いを可能とする

障害者を対象とした福祉タクシー券⑴については、こんな議論があった。

もともと「福祉タクシー券」は、移動に制限がある障害者に配布して社会参加を促すための制度だった。しかし、実際にはほとんどのタクシーで大型の電動車椅子が収納できず、受給資格のある障害者がサービスから排除されてしまっていた。これでは制度がないのと同じである。そこで会の参加者たちは他の自治体の先行事例も調べた上で話し合い、「電車やバスにも使えるように、補助対象をタクシー券とICカードにする」という解決策を考え出した。目的は障害のある人の「社会参加の促進」なのだから、どの交通機関を使うかは、当事者に任せればいい。ICカードも使えるようにすれば、タクシー限定では利用できなかった人をカバーできるし、サービス自体の利便性も向上する。

⑵については、従来の日本の公的介助派遣制度には、就労中には使えないという欠陥があった。通勤や仕事は個人の経済活動と見なされ、サービスの対象外。つまり、仕事をするには自費で介助者に費用を支払わねばならなかったのだ。これでは、お金がない人は働けないという矛盾が生まれてしまう。二〇二〇年に制度が改正され、就労中の介助派遣が可能になった（重度障害者等就労支援特別事業）ものの、利用するには地元の自治体が制度を実施している必要がある。つくば市では当時実施されていなかったため、他の自治体での利用状況を説明しながら実

施を働きかけた。[*3]

またあるときは、聴覚障害の当事者から、「市役所にしか手話通訳者がおらず、困っている」との声が上がった。それまでのつくば市役所は、手話通訳者がいるのは本庁のみ。窓口センターや出張所など市内一一か所にある出先機関では、手話通訳を受けることができなかった。オンラインで本庁とつなげば、タブレットやスマートフォンを通じて、どの機関でも手話通訳サービスを受けられるはずだとの意見が出て、提案にまとめた(3)。

これら六つの提案のうち、(1)～(4)は二〇二二年度から実際に事業化されており、(1)のサービスは初年度、二五名の市民が利用したという。(5)、(6)についても、実用化に向けた作業が続いている。

参加すれば政治は変わる、を当たり前に

障害当事者が運営する自立生活センター「ほにゃら」、またバリアフリーなまちづくりを目指す「住みよいつくばの会」を通して、政治家に意見を届け、実際に市政を動かしてきた斉藤さん。そこには二つの思いがあったという。

一つは、障害者の投票率を上げること。

「障害のある人にも、政治に関心を持ってもらいたかった。僕らが建設的にぶつけた福祉課題に対する解決策への候補者の回答は、投票先を決める判断基準として機能しました。『この制度が必要なら、この人に投票するのがいいのでは』と言えるようになったんです」

二つ目は、選挙後も政治への関心を保ち、政治とのかかわり方を変化させること。

「つくば市議会を『障害』でポチッと検索」は冊子にまとめられているし、「住みよいつくばの会」の提案と公開質問はウェブ上で公開されており、その後の経過も更新されている。障害当事者が作った提案が政策に反映されていく様子を観察することで、障害のある人自身が、「自分も活動に参加している」と実感できるようにしたいのだ、と斉藤さんは言う。

「誰かがやってくれたことに、人は関心を持つことができません。僕らの提案も、立案や議論の過程に参加した感覚がなければ、その後議会でどう扱われたかに関心を持つことはない。それでは制度はよくならないんです。民主主義にとって最も重要なのは、参加することです。参加者が多いほど、制度は変われる。だから、一人でも当事者意識を持って参加する人を増やすことが重要です。そのためにも『僕らは問題を誰かに任せきりにはしない、一緒に考えていくよ』という姿勢を示し続けなくてはなりません」

自立生活センターが、目の前にいる障害者個人のニーズの実現を支える団体である以上、障害者個人の声を拾い上げ、問題があればそれをまとめて政策として提案し、社会自体を変えていくことも一つの使命なのだ。

みんなで支え合う社会を、みんなで作る

「いろんな人の層で、自立生活を支え合えるのがいいと思うんですよ」と、斉藤さんは言う。

「ほにゃらにも、自立生活をする人、スタッフとして常勤で働く人、週に数回のバイトに来る人がいる。活動には参加していないけれど外から応援してくれる人、ほにゃらの存在を認識している地域の人など、いろいろな人とのかかわりがあって、僕たちはここまでやってこられたのだと思っています」

障害者の自立生活に限ったことではない。例えばサッカーの試合でも、かかわっているのは、フィールドにいる選手、監督、コーチだけではない。スタンドにはチケットを買って応援しにくる観客がいるし、テレビの向こうで観察する人、ニュースで試合結果だけ気にかけている人など、さまざまな層の人たちがいる。

「僕個人だってそうです。買い物したり、遊んだり、飲みに行ったり。生活のさまざまな側面でかかわるのが全部介助者では、せっかく地域で暮らしていても施設にいるのと変わらない。介助者とのかかわりって難しいんですよ。僕の生活すべて、僕のいいところも悪いところも、全部知っているわけじゃないですか。そういうのが息苦しくなることもあるんです」

確かに、健常者なら、学校や職場、家族など、そのときどきで自然と違う属性の人とかかわ

ることになるし、時と場所によって見せる顔を変えて自分を保つこともできる。しかし、斉藤さんのように介助が必要な人にとって、それは難しい。

「誰もがいつも家族とだけ一緒にいなくていいのと同じように、僕らにも無責任な関係の人がいてもいいんです。いい加減なことを適当に言ってくれる第三者との関係は、必要だと思います」

障害があることで、他者とのかかわりを常に意識しながら生きてきた。葛藤しながらも「自立生活」を続けてきたからこそ、斉藤さんは今、多様な人々との濃淡のあるかかわりの大切さを感じているのだろう。それは、障害の有無にかかわらず、誰もが同じ地域の構成員として暮らせるようにしたいという思いにもつながる。

「個人も、団体も、いろんな関係の中で地域にいることができているわけです。つくばでも、それぞれがそれぞれの役目を果たし、まちに貢献している。ほにゃらも僕も、そうでありたいと思っています」

「ほにゃら」や「住みよいつくばの会」の活動を通して、具体的にまちの形を変えてきた斉藤さんは、実はその過程で多様な人たちとアイディアを出し合い、話し合うことのほうにより意義と醍醐味を感じていた。ただ障害の困りごとが解決すればいいというのではない。障害のある人がまちで暮らすことで生じる問題点や解決方法を話し合うことによって横のつながりが生まれ、仲間の輪ができ、結果として世の中が変わっていく。つながりが増えれば増えるほど、斉藤さんが目指す、物理的にも精神的にもバリアフリーなまちができていくのだ。

「いくらアパートで自立生活を実現しても、まちが障害者を受け入れてくれなければ、行きたいところに行くことはできず、周囲にいるのは支援者だけになってしまう。それでは社会から分離された状態は解消されない。『住みよいつくばの会』の活動は、その状況を変えるためのものなのです。社会の中でいろんな人とかかわり合って、そのかかわり合いが増えていけばいいじゃないですか。みんなで、よりよりつくばを作っていきましょうっていうことですかね」

斉藤さんはそう言うと、照れたように控えめな笑みを浮かべた。

［注］

＊1……**合理的配慮支援事業補助金**　市内の民間事業者等が、合理的配慮の施された環境を提供するために必要な費用（スロープ、手すりの設置、トイレ工事など）を一部補助するつくば市の制度（二〇一八年五月施行）。合理的配慮を目的としたものとしては県内初の試み。

＊2……**障害×提案＝住みよいつくばの会**　二〇一八年三月、斉藤新吾さんの呼びかけで始まった、障害の種別を超えた当事者と、支援者たちによるまちづくりプロジェクト。「障害がある人とその家族がもうちょい住みやすく、その友人がもうちょいかかわりやすく、支援者がもうちょい支援しやすくなること」を目指す。代表は置かず、出入りは自由。二三年一一月には、優れた政策の立案や取り組みをした地方自治体や市民団体に送られる「第一八回マニフェスト大賞」成果賞部門で、優秀賞と審査委員会特別賞を受賞した。kx6vn.hp.peraichi.com

＊3……重度障害者等就労支援特別事業は二〇二〇年一〇月、重度障害のある人の就労時に必要な介助費用を補助する国の事業として始まったが、費用は国と市町村が分担、実施の判断は市町村に委ねられている。厚生労働省によると、二三年七月末時点で利用者は全国四四市区町一二五人で、想定の約一割にとどまる。報道によると、自治体の多くが「需要があるか不明」などとして事業を実施していない。茨城県内では斉藤新吾さんが唯一の利用者。

〔介助者のつぶやき〕みんなで楽しく社会を作る——成田恵理さん

私は二〇一〇年にほにゃららに入りました。温泉付属のレストランホールで一緒に働いていた友人が、ほにゃららで介助のバイトをしていたんです。レストランを辞めたあと、「夕方三時間の短い枠があるよ」と誘われたのがきっかけです。

その友人は破天荒な子で、事務所を通さず、利用者の佐藤美咲子さんに直接「介助をやってみたいっていう友人がいるんです。一度連れてきていいですか?」と聞いたそうです。美咲子さんが「いいよー」と言ってくれたので、友人が介助に入る日中の時間帯に、二回ほどお邪魔しました。買い物についていって車椅子を押させてもらったり、一緒にお話しするのが抵抗なくできたので、大丈夫そうだなと思い、正式に面接を受けて勤務を始めました。

職員としていろいろな方の介助に入るようになってからは、イベントにも参加しています。高齢者施設でやるようなレクリエーションを想像していたら、全然違っていました。福祉とは関係のない人ともかかわる開かれた企画が多いので、すごく楽しいです。介助では、利用者さんとライブや舞台を観にいくなど外出の機会もある。一緒に思い出を作っていけるのはこの仕事の醍醐味ですね。

なりた・えり
1985年、茨城県石岡市生まれ。2022年に介護福祉士の資格を取得。車のカスタマイズと洋裁が特技。

介助については、その場になってみないとわからないことが多いので、臨機応変に対応しなくてはなりませんが、場数を踏むうちに、度胸がついてきました。乗った電車が混んでいて、降りるのに苦労しそうだと思ったけれど、駅に着く直前に「車椅子の人が降りるのでご協力お願いします」と周りに呼びかけ、なんとか降りられたこともありました。

条例作りや権利擁護の活動など、難しい仕事も多いですが、どれもほにゃらに入っていなければ知らなかったこと。大変なことも多いけど、学ぶこともたくさんあります。

自立生活センターには、常に新しい情報が入ってきます。新幹線にバリアフリー席が増えたとか新しい制度ができたとか。社会の動きや新しい価値観がどんどん入ってくるので、自分自身の考えもアップデートできる。これは、インクルーシブな社会を目指して活動する自立生活センターだからこそ。こんなに自分の価値観が変わっていく職場って、なかなかないと思います。

髪の色や服装やアクセサリーについて、仕事に支障がなければとやかく言われない点も、すごくいい、ラッキーだなと思っています。私はおしゃれも好きですが、兄の影響もあって、クルマが大好きなんです。今乗っている軽自動車は、シートからスピーカー、塗装にマフラー、足回りまでカスタマイズした改造車。生活や仕事にも使えるギリギリを攻めています。ほにゃららにはカスタムをがっつりやっている人はいなくて寂しいのですが。

仕事では、利用者さんが「いいえ」と言いづらくなる状況を作らないように気をつけています。

自分に置き換えてみても、例えば喫茶店でケーキを数種類から選ぶときに、「今日はいつもと違ってチョコレートケーキの気分なんだよな」と思っていても、「○○さん、ショートケーキ好きだったよね？」と渡されたら、「ありがとう」と受け取るしかなくなっちゃうことって、あるじゃないですか。

ケーキの周りのセロハンもそう。この人は捨てるだろうと思って勝手に捨てちゃうとか、絶対ダメですよね。もしかしたら、セロハンについたクリームがめっちゃ気になっているかもしれない。空のペットボトルも、あとで何かに使おうと思っているかもしれないんだから、先回りして勝手に「ゴミ」にしない。

介助者に先回りされると、利用者さん自身がやりたいことを言えなくなっちゃう可能性があるんです。本人に確認することが大事だけど、聞き方によっては本人に恥ずかしい思いをさせてしまうから難しい。

失敗したときは利用者さんに、「この前これでうまくいかなかったんだけど、今日はこういうふうにやってみるのはどうかな」と聞くようにしています。介助コーディネーターに相談することもありますが、やっぱり本人に直接聞くのが一番いい。私自身がどこでつまずいているのかもちゃんと伝えれば、相手がどう思っているかもわかりますから。

私は自分を繕うのが苦手で、素でぶつかっちゃうんですよね。自分の意見を伝えたいし、相手がどう思っているかを理解したいという思いがあるんです。調子がいいのかもしれません。素でいれば、相手によって、「この人にどういう対応してたっけかな」と考えずに済んで楽ですしね。

前の職場だったレストランでは、知らないおじいちゃんによく話しかけられていました。そこでポカーンってしちゃうのも悪いから、いつも知り合いみたいに相槌を打ったり話を合わせたりしていて。そのうちに常連さんになってくれた人がたくさんいましたよ。

そういう意味でもほにゃらは楽ですね。メンバーのまとう空気がフラットなんです。みんながみんな、すごく喋るわけではないけれど、話しかければ答えてくれる。介助の現場は一人仕事だからなのか、群れたりグループ化したりしない。それもやりやすい点です。

でも、自分の居場所を求めてほにゃらに入ると、居心地が悪くなってしまうかも。ほにゃらの活動って、常に攻めじゃないですか。パレードにしろ、「住みよいつくばの会」にしろ、社会を変えるぞ、っていう攻めの活動ですよね。そういうところに受け身の姿勢で混ざろうとするのは無理がある。

みんな、実は闘っていますからね。障害のある利用者さんたちが地域で暮らしていることの影響力って、すごく大きいんだなと実感します。

例えば、佐藤美咲子さんは近所のレストランチェーン「ばんどう太郎」の常連なんですが、何度も通ううちに、今では美咲子さんがお店に入ると、何も言わなくても店員さんが介助しやすい席に案内してくれるようになりました。食の細い美咲子さんが頼めば、メニューにはないミニ海鮮丼を作ってくれたり、持ち帰りができるよう、介助者が持参した鍋を使って調理までしてくれる。

近所の商店も、リニューアル後、狭かった通路が車椅子でも通りやすい広さに変わっていたり。こちらが頼んだわけでもないのに、かれらが日常生活を送ることで、自然と周りが変わってきたんです。

だからスタッフとして働くなら、それなりの関心と活動に参加している意識を持たないと。傍観者ではいられません。ほにゃらはみんなが一緒にやっていくところだし、みんなやりたいことを実現させたいという思いが強いですからね。

私は、自分の知る人たちが暮らしやすい社会になればいいな、と思っています。それがインクルーシブな社会ってことなんでしょうね。障害当事者が団体を運営するなんて、どんだけ意識高いんだ、と思われるかもしれませんが、本人たちは楽しんでやっているんです。みんなで興味があることを考えて、一緒に計画を立てて実行する。それってやっぱり楽しいですよね。この仕事についてよかったと心から思っています。

9
誰もが自分らしく生きられる社会へ
川端舞さん

暗転した会場にスポットライトが灯り、車椅子の川端舞さんがステージに進み出た。真上からの強い光に照らし出されたその面持ちは、緊張気味だ。大型スクリーンには微笑む川端さんの顔写真とタイトルバック「権利としてのインクルーシブ教育――群馬の普通学校で育った重度障害者が伝えたいこと」が映し出された――。

二〇二三年五月一四日、ほにゃらの当事者メンバーである川端舞さんは、出身地である群馬県の前橋市で開かれた、医療や福祉に携わる人たちによるプレゼンテーションイベント「MEDぐんま2023」に登壇した。持ち時間は一人一五分。全部で一三人が、自身の体験や活動を聴衆に向けて発表する。川端さんは「いきる」と題された第三部のトップバッターを務めた。

川端さんは生まれつき脳性麻痺による障害がある。手足が不自由で生活に車いすが欠かせず、口の筋肉や舌がうまく動かせないため思うように発音することが難しい。

この日、川端さんが語ったのは、小・中学校時代のつらい体験と、その後に出会った仲間のこと、そして現在、仲間と取り組む、障害のある子とない子がともに学ぶことができる社会の実現についてだった。

ステージ上の川端さんは、一言ずつ、ときに目を瞑り、全身を使って思いの丈を言葉に乗せていく。一六分二一秒をかけて話しきると、会場内に大きな拍手が鳴り響いた。

当事者としてテレビ番組や各地のイベントに出演し、ライターとしても「障害」をテーマに経験や思いを伝える川端さんが、自分のことを群馬で語るのは、初めてだった。

小中学校時代、川端さんは周囲の障害への理解不足から心ない言葉をかけられることが多かった。乱暴な扱いを受けて身体に傷を負ったこともある。群馬で話をすれば、知り合いが聞く可能性もあるし、人づてに伝わってしまうこともある。そのことへの恐怖が常に重くのしかかっていた。実際、川端さんは知人から「できれば昔のことは話さないでほしい」と言われることもあったという。

しかしこの日、川端さんは勇気を振り絞ってステージに上がった。つらい過去の話をするためだけでなく、これから仲間と築いていく新しい未来の話をするために。

「自分のような経験は、もう誰にもしてほしくない」――川端さんは、スピーチの最後をそう締めくくった。

撮影のためレンズ越しに彼女の表情を見つめていた僕は、会場に響きわたる拍手に気持ちが昂り、首筋がピリピリ痺れるほどに力んでしまっていた。というのも、このプレゼンテーションの背景となった、川端さんのある旧友との思いがけない再会のことを聞いていたからだ。

高校時代の友人との再会

「かわばっちも何か話してよ」

二〇二二年三月一五日の夜、川端さんはパソコンの画面越しに、久しぶりに高校時代のあだ名で呼びかけられた。呼びかけたのは、高校時代のクラスメイトの間々田久渚《ままだひさな》さんだ。間々田さんは性的少数者の当事者として、地元・群馬で支援団体「ハレルワ」[*1]を運営し、講演や理解啓発、相談支援など幅広い活動を展開している。この日、川端さんは、当事者や支援者らが集まる、「ハレルワ」の法人化を記念するオンラインイベントに参加していた。

川端さんはこの夜の出来事を、地域メディア「NEWSつくば」[*2]で連載中のコラム「電動車いすから見える風景」に活き活きと描いている。

間々田さんとは、高校卒業直後に一度会ったきり連絡が途絶えていたが、数年前にSNSでつながったことから互いの活動について知るようになっていた。この夜のイベントのことはSNSで知り、活躍する友人の話を聴いてみよう、という気軽な気持ちで参加したのである。

オンラインイベントの後半、参加者による自己紹介が始まった。一人ずつ、イベントの感想や自分の関心ごとなどを話していく。日中の生活や活動をサポートしてくれる介助者はすでに帰宅し、川端さんは自宅で一人だった。言語障害があり、話す言葉の伝わりにくさに不安をもつ川端さんは、場面によっては介助者に「通訳」に入ってもらうことがある。介助者がいない以上、「自分が話しても、誰も聞き取れないよな」と思い、そっとイベントから退出しようとした。そのとき、間々田さんから「何か話してよ」と呼びかけられたのだ。

不意の呼びかけにドキドキしながら、「今、介助者がいない」と伝えると、間々田さんは「わかった」と言った。「これで話さなくて済む」と川端さんが安心したのも束の間、間々田さんは突然、「川端は僕の高校の同級生で……」と、参加者に紹介し始めた。川端さんに脳性麻痺による言語障害があること、言葉が聞き取りにくくても、繰り返し聞けば聞き取れることなどを説明し、「どういうことで、かわばっちも何か話してよ」と、再び水を向けてきた。「これは逃げられないな」。川端さんは意を決して、麻痺のある声で話し始めた。わかりにくくなったところは、間々田さんが通訳してくれた。

「二〇年ぶりの再会だったのに、不思議とスラスラ聞き取れたんです」と振り返ったように、間々田さんのその日の振る舞いは自然だった。障害のある自分のことを同級生として当たり前に紹介してくれた友人の存在を画面越しに感じながら、川端さんは感動していた。自分の存在を肯定された気がして「涙が出るほどうれしかった」のだという。

この日をきっかけに、川端さんは間々田さんとオンラインで頻繁にやりとりするようになる。高校時代、「物静かだけど、はっきり意見を伝える」しっかり者という印象だった間々田さんと、「今になってこんなに話すことがあるんだっていうくらい」高校時代のことや卒業後のお互いの歩みについて語り合った。子ども時代のつらい経験、社会における少数者として抱えてきた悩み、当事者として人前に出て活動する中で感じたこと……。「MEDぐんま2023」への誘いは、そんなやり取りの中で間々田さんから川端さんに、唐突に伝えられたのだった。

「メールが来たんですよ。『紹介しといたから』って。え、聞いてないよ！って、驚きでした」

二〇二二年五月、登壇の一年前のことだ。間々田さん自身も、過去に「MEDぐんま202

1」に登壇した経験がある。川端さんを主催者に紹介した理由をこう話す。

「川端には、みんなの前で話してほしかったんです。地元で話すことには勇気がいります。僕も、地元で初めて人前で話したときは、身体がガクガク震えてしまって。その後に立ったMEDは、時間も限られ、舞台も作り込まれているぶん、さらに緊張しました。でも、あそこに立ったことで話に共感してくれる人と出会い、仲間を増やすきっかけができた。僕が活動する上で力になるのは、どんなことがあっても味方でいてくれる仲間やパートナーの存在。川端のことも、たくさんの人に知ってほしいと思いました」

突然の登壇依頼に驚いた川端さんだったが、過去のつらい思い出を間々田さんに伝えたときの反応を思い出し、決心したのだという。

「間々田は私以上に怒ってくれて、『こんなこと絶対ダメだから、話さないといけないよ』と」

しかし、イベントに向けての準備は簡単ではなかった。

「はじめは、あんなに長く話すつもりはありませんでした。子どもの頃のことは、やっぱりあまり書けなかった。でも原稿を見せたら間々田に『ダメ、もっと書いて』と言われて」

間々田さんは、多方面に遠慮ばかりしている川端さんのことが気にかかっていた。

「話したいことがあるんだから、もっとぶつけろよ、こんな生ぬるいのじゃだめだよって思ったんです。時間をオーバーしたら迷惑じゃないかとか、つらい思い出を話したら、当事者として活動する僕に余計な迷惑がかかるんじゃないかとか気にしているけれど、そんなことは全然ない。僕は平気だし、時間は、川端の障害への配慮を考えれば、主催者に掛け合える。川端には、やりたいことをやり切ってほしかったんですよね」

あの日、僕がレンズ越しに見ていたのは、川端さんが過去の自分と対峙し、信頼できる同級生と本音でぶつかりながら作り上げたプレゼンテーションだったのだ。

イベントを終えた川端さんは、「話してよかった」と晴れやかな表情で語った。

「一人では、地元であそこまで話すことはできなかったと思います。間々田は私の身に起きたことに対して怒ってくれて、『言いたいことがあるのなら、絶対に話すべきだ』と譲りませんでした。私が一番やりたいことをわかってくれていたんです。間々田自身、嫌な経験をたくさんしてきたはずなのに、同級生に見えないくらい、堂々と活動している。時々、ずばっと答えが返ってくるのもかっこいいです」

大きな壁を仲間と乗り越えていく川端さんが、誰にも話すことのできなかったという子ども時代とは、どんなものだったのだろう。現在、川端さんが自立生活を送るつくば市の自宅で、話を聞かせてもらった。

私は「迷惑な存在」だから

「頑張っていた時代の私です」

自宅を訪ねた僕に、川端さんはそう言って一枚の写真を見せてくれた。小学生の川端さんが自宅前で歩行器を使って立っている。「今なら、車いすを使っていいんだよって言えるんですけどね」と笑顔を浮かべた。

川端さんは一九九二年、群馬県伊勢崎市生まれ、両親と弟の四人家族だ。幼い頃、近所を流れる川沿いの道を、よく歩行器を使って散歩したという。

両親は、障害があっても社会に参加していけるようにと、川端さんに早くから大学進学を勧めていた。小学校から特別支援学校ではなく普通学校に入れたのは、進学率を意識してのことだったという。

川端さんが入学した地元の小学校の普通学級に、障害のある子はほかに一人もいなかった。日本では、障害のある子どもは特別支援学校や特別支援学級に通学し、一般生徒と分けられるのが一般的だからである。多様性が前提とされていない教室で、障害のない子どもの中に一人ポツンと入れられた川端さんは友達を作ることができず、深く傷ついた。そして、傷つき、孤独を感じるのは障害のある自分のせいだと、ひたすら自らを責めつづけていたという。

せめて、周囲の子どもたちとの交流が生まれるような環境なら、違ったのかもしれない。しかし、障害児をサポートする「介助員」が、川端さんと他の子どもたちとを隔てた。川端さんは常に介助員に付き添われ、同級生が教科書をめくるとか物を取ってあげるなどのサポートすることは禁じられていた。同級生に迷惑がかかるからという理由だった。その結果、同じ教室にいるのに、まるで川端さんだけが別の空間にいるような状態が作られてしまった。

さらに中学時代の介助員からは、「虐待」を受けたとも川端さんは言う。介助員の歩く速度についていけずに階段から転げ落ちたり、歩行器を使って参加したマラソンの授業で、もっと速く走るよう叱責されたりした。

雑誌「福祉労働」一七一号（二〇二一年一一月）に川端さんが寄稿したエッセイによると、小学一年生から中学一年生までは同じ介助員が担当していたが、中学二年生のとき新任の人に交代すると、問題が起きるようになったのだという。

新しい介助員は新卒で、ほぼ無経験だった。臨時職員希望として教育委員会に登録したところ、川端さんの介助員にならないかと声がかかった。何度か断ったが、「トイレ介助はしなくていいから」と教育委員会に強く勧められ、渋々引き受けた。しかし実際には、トイレの介助は必要になる。こうした行き違いは、新任介助員を追い詰めていく。周囲の生徒たちからは不慣れを揶揄されるも、周りに相談できる人もいない。校内で孤立した介助員は、学校に向けるべきその不満を川端さんに向けたのである。

川端さんは小学校からの学校環境の中で、「私は迷惑な存在なんだ」と感じていたし、周囲にできるだけ迷惑をかけないよう「言語障害のある自分は話しちゃいけない」と自分を抑え、追い込んでいた。学校に自分の居場所を作るためには、誰にも負けない学力が必要だと、必死に勉強した。少しでもできないことがあると、「見捨てられ、普通学校に通えなくなる」と本気で

高校時代の川端さん（左）とクラスメートの岡部夏実さん。岡部さんは現在、障害者団体の全国組織、DPI 日本会議の事務局に勤務している

思っていた。この中学校での虐待で川端さんはさらに追い詰められ、「やっぱり、自分はこの学校にいてはいけないのだ」と思い抱くようになる。

エッセイの中で川端さんは、「当時の自分が置かれていた環境に憤りを感じた」と述べている。「障害のある私を生徒の一人として扱わず、責任を全て介助員に押し付けたことが根本的な問題だった。（中略）学校全体が障害児も生徒の一人として扱わない限り、障害児を普通学校に入れるだけでは、障害児と健常児が共に育つ学校は決して実現しない」

その後、進学校である群馬県内の普通高校に進学し、三年間、障害のない生徒と同じ教室で過ごした。それまでの経験から、自分を理解してくれる人などいないと思い込んでいたから、自分から周囲に心を開くことはできなかった。卒業式後、母親に泣きながらこう訴えたという。「なんで私を普通学校に通わせたの。特別支援学校ならもっと友達もできたはずなのに」

それは一二年もの間、張り詰めた中で過ごしてきた川端さんから出た切実な言葉だった。だが、間々田さんとの再会をきっかけに、記憶とは異なる高校時代の自分の姿が見えてきた。介助員がつかなかった高校では、クラスの同級生が学校生活をサポートしていた。入り口に段差のある体育館へ入るときには、「一緒に行こう」とクラスメートが川端さんに声をかけ、車椅子を持ち上げていたし、体育の授業や球技大会では、どうすれば川端さんが歩行器で参加できるかをみんなで話し合っていた。避難訓練では、誰が川端さんをおぶって逃げるか考えた。高校時代、川端さんには確かに友達がいた。しかし張り詰めた毎日の中で、周囲を見渡す余裕を失い、こうした思い出もつらい記憶とともに心の奥にしまい込んでしまっていたのである。

一人の人間として向き合ってくれる仲間と出会ううちに、川端さん自身、過去の自分を肯定できるようになり、ようやく、当時の自分を振り返ることができるようになっていく。

川端さんは二〇一〇年、両親の期待に応えるため筑波大学障害科学類に入学し、つくば市内の大学宿舎で一人暮らしを始めた。筑波大学は、障害のある学生の受け入れに積極的で、サポート体制が整っているとして、両親の勧めた大学だ。

高校時代まで固く閉ざしていた川端さんの心は、ダメもとで扉をたたいた「手話サークル」での聴覚障害のある人を含む友人たちとの交流を通して開かれていく。

「手話サークルは楽しかったです。コミュニケーションを大事にする人たちばかりが参加していました。私にできない手話があっても、友達が代わりに通訳してくれたりして。初めてコミュニケーションって楽しいんだなと思えました。高校までは、自分から話をすることはなかったけど、大学では、結構友達と話すようになりました」

ほにゃらと出会い、自身の障害への認識を大きく変えるのは、その数年後のことだ。

障害者があっていいんだ。

大学では当初、学内の支援制度で学生がノートテイクなどを、宿舎では地元の福祉事業者から一日三時間派遣されるヘルパーが料理や洗濯などの家事を手伝ったが、このときの川端さんはまだ、「時間がかかっても、自分のことは自分でやるべき」「人に手伝ってもらうのは周りの人にとって迷惑」だと考えていて、大学でもできるだけノートは自分でとるようにしたし、入浴や食事は、時間がかかっても自分一人で対処していた。「自分のことは自分でやらなければいけない」——その考えで自らを固く縛っていたともいえる。

将来の進路検討においても、川端さんがまず考えたのが、健常者中心の社会にどうしたら自分の居場所を作れるかということだった。

「障害のためにできないことがあるぶん、学習で補わないと、どの会社にも雇ってもらえず、お金も稼げない。つまり社会で生きていけない」と信じていた川端さんは、学部卒業後、筑波大学大学院に進学する。

しかし、進学後のある日、そんな川端さんの意識に変化を与える出来事があった。障害のある人[*3]と食事するため、一人で電車を乗り継ぎ、待ち合わせの場所に向かったときのことだ。車椅子で現れたその人には、ヘルパーがついていた。レストランに入り、テーブルに着く。注文した料理が運ばれてきても、彼は自分で箸を持とうとしない。代わりに、食べたいものをヘルパーに伝えているではないか。スムーズに動かない手を使って必死に食事をする川端さんに、彼はこう言った。

「川端さん、介助を受ければ食事を楽しみながら他の人と会話ができるよ。ご飯を食べる時間を短縮したぶん、自分の好きなことをすることもできる」

　その人も、以前はすべてを自分でやっていたが、介助を受けることで自分の生活をより充実させられるようになったという。

「自分が何を大切にしたいのか。それがわかれば、どんな介助をどの程度受けるかも、自分で決めることができるんだ」

　そう話す彼が紹介してくれたのが、障害者の暮らしをサポートする当事者団体「ほにゃら」だった。


「なんで自分で食べてんの？　そんなの迷惑だからやめなよ」

　二〇一六年、初めてほにゃらの事務所を訪ね、食事の様子を話したとき、事務局長の斉藤新吾さんに言われたひと言に、川端さんは衝撃を受けた。「できないことは自分でしなくていい」というだけでなく、それが「迷惑」だというのだ。自分で食べることは「迷惑」……？　すると斉藤さんは、こうつけ加えた。

「川端さんが自力で食事をすることで、他の障害者もできないことを無理して自力でやる状況が続いてしまうでしょう？」

　障害当事者である斉藤さんの言う「迷惑」とは、他の障害者の可能性を見えなくするという意味でもあった。

「言語障害についても同じだと思いました。私が話すのを躊躇したら、言語障害のある他の人も『私も話さないほうがいい』と思ってしまうかもしれない。それは私の責任でもあるんだ、と」

大事なのは、「自分で行動を決めること」。自分で決めた行動を自力で行うのが難しいのなら、ヘルパーに伝えて代わりにやってもらう。それは障害者にとって、自分でやったことと同じだ。斉藤さんら「ほにゃら」が目指す「自立生活」とは、そういう生活なのだ――川端さんは目から鱗が落ちる思いがしたという。

川端さんは、さっそく「自立生活」を実践すべく、いつものヘルパーに自宅での食事介助をしてもらおうと相談してみた。このときはまだ、ほにゃらの介助者を使っておらず、地域にある他の事業所からヘルパーを派遣されていたのだが、その年配のヘルパーからは「自分で食べないとダメだよ」とやんわり諭されてしまった。

「その後一週間くらい、食事介助のことでヘルパーさんとかなり揉めました。自分の考え方が変わったのに、自力で食べざるを得ないのはつらかったです」

それ以来、川端さんはイベントなどを通じてほにゃらの活動に参加するようになる。ほにゃらで出会った二四時間の介助を受けながら地域で暮らす「重度障害者」の中には手足が不自由なだけでなく、声を発すること、ベッドから起き上がることが難しい人もいる。自分一人では移動することも、食事やトイレをすますことも難しい。それでも、介助者のサポートを受けながら堂々と地域で生活するかれらの姿は、健常者の中に居場所を作ろうと必死に努力してきた川端さんにとって、驚きだった。

「私はずっと、『障害』はできる限り隠しておくものだと思っていました。よく考えれば、隠すことなんてできないんだけど、私自身、障害者である自分を認めたくなかったし、周囲にもできるだけ自分が障害者だとわからないようにしなくちゃと、どこかで思っていたのです」

川端さんはそれまで、まちで障害者を見かけても「自分はあの人とは違う」と思い、障害者でありながら障害者を「差別していた」という。そしてそんなふうに感じる自分が大嫌いだったのだ、と。

「でも、ほにゃらで斉藤さんたちのような重度障害のある人たちと出会って、考えが変わりました。障害ってあってていいんだ、と初めて思えたんです。無理に健常者になろうとするんじゃなくて、私は障害者として、障害者が生きやすい社会を作っていけばいいんだなって。初めて自分を障害者だと認めることができました」

ほにゃらの集まりでは、言葉がスムーズに出ない川端さんの話を、誰もが普通に受け取った。自分の言葉が伝わらなかったらどうしようと常に心配し、いざというときのために、あらかじめ話すことを紙に書いて準備していた川端さんにとって、ありのままで受け止めてもらえることの安心感は、それまで経験したことのないものだった。

一方で、「自分のことは自分で」の生活が長かった川端さんにとって、自立生活を支えるほにゃらの介助者とのやり取りには戸惑いもあった。

「正直、最初は怖かったです。なんでこの人は、私のやりたいことや好きなことを、そんなに聞いてくるんだろう、って」

障害のある本人の意思を第一に考える、というのが自立生活センターの信念だ。介助者には、どんなに些細なことでも、まずは本人の意思を確認することが求められる。介助者が先回りをして何かをすることは、やってはいけないこととして教育されるのだ。これは、社会の中でいつも自分の意思を後回しにされてきた障害者が、自分らしく生きるために築き上げた方法だ。川端さんが怖いと感じたのは、彼女の気持ちがそれだけ大切にされてこなかった証拠だろう。

「インクルーシブ」な社会を目指そう

こうしてほにゃらの活動に参加し、ほにゃらの介助サービスを得て自立生活を試み始めた川端さんだったが、次第に大学院から足が遠のくだけでなく、半年ほどで自宅に引きこもるようになってしまったという。それまでと一八〇度違う考え方に触れ、どうすればいいかわからなくなってしまったのである。

「障害があってもいいんだ、堂々としていいんだ、と頭ではわかるのですが、心が納得しきれなかった。ほにゃらの他の障害者に会うのも嫌になってしまって」

部屋で一日寝て過ごすような日もあったが、それでも毎日介助者は来て、何も言わずに介助をしてくれる。そんな日々を重ねるうちに、介助者との距離感が少しずつつかめるようになり、川端さん自身の心も変化していった。何かあれば介助者に助けてもらえばいい、と思えるようになったのである。

「介助者がそばにいてくれれば、伝わらなくても通訳してもらえます。気軽に外出して、人と話ができるようになりました」

悩みを抱えつつも外に出るようになった川端さんは、「自立生活センター東大和」（東京都東大和市）の代表・海老原宏美さん[*4]に出会う。海老原さんは、進行性の難病による重い障害を抱えながら、誰もが自分らしく生きることのできるインクルーシブ社会実現のために、二〇二一年一二月に四四歳で亡くなるまで、長年、全力で活動した人だ。

「海老原さんとの出会いがなかったら、今の自分はないと思う」と川端さんは言う。

川端さんが海老原さんと知り合ったのは二〇一七年一月、つくば市で開かれたほにゃらの設立一五周年記念イベントでの講演会だった。東京で仲間たちと「インクルーシブ教育」の普及活動に取り組んでいると語った海老原さんの話に惹かれ、懇親会で「私も教育に関心があるけど、どう取り組めばいいかわからない」と打ち明けた。すると海老原さんは、「だったら今度、東大和に活動を見に来なよ」と一言。川端さんはその後、東大和の自立生活センターへの訪問をきっかけに、同時期に海老原さんが立ち上げた「東京インクルーシブ教育プロジェクト（T

IP)」のメンバーとなり、障害者権利条約の内容や海老原さんの考えを学び始める。

「インクルーシブ教育は、それまで自分が思っていたものとは、まったく違っていました」

障害のある子が置かれる教育環境には四つのパターンがあるといわれている。学校教育そのものを受けられない「排除」、特別支援学校や特別支援学級のように障害のある子どもの教育の場が障害のない子どもから切り離される「分離」、健常者向けの通常学級に障害のある子どもが通う「統合」、そして「インクルージョン(包摂)」である。

日本の障害者教育では「一人ひとりのニーズに応える」を名目に、「分離」が推進されているのが現状だ。それに対し、「インクルーシブ教育」とは、障害児だけでなく、外国にルーツがある子や貧困家庭の子、性的マイノリティ、不登校の子など、あらゆる可能性のある児童・生徒・学生が同じ教室で一緒に学ぶこと。それは川端さんが現在目指している学校のあるべき形だ。川端さん自身、普通学校に通っていたことを考えると、すでに「インクルーシブ」な教育環境にいたようにも思える。しかし川端さんは、健常者と同じように生活・勉強しなければならないと思わざるを得ない状態で、努力を重ねてきた。それは「インクルーシブ」ではなく、「統合」教育だったのである。

日本の学校はあらゆる面で、「健常」とされる子どもに合わせて作られている。階段や段差の多い建物、クラスの人数、授業の進め方……聴覚、視覚、知的、言語、身体などに障害のある子の存在は前提にされていない。

こうした点を問題視した国連の障害者権利委員会は、二〇二二年九月、日本政府に対し、「障害のある子どものインクルーシブ教育の権利を認めること」「あらゆる教育段階で合理的配慮や必要とする個別の支援を確保し、それを実現していくために国の行動計画を策定して採用すること」を定めた障害者権利条約第二四条に合致していないと、改善措置を求める勧告を出した。

条約が求める「インクルーシブ教育」実践のためには、学びの場を同じにするだけでは不十分で、健常者向けにデザインされた通常学級を変える制度改革や実践の積み重ねが必要なのである。


その後も川端さんは毎月、TIPの勉強会に参加し、新しい知識を吸収していった。そんなある日のこと。川端さんが小、中学校でのつらい経験を参加者に伝えると、海老原さんは、川端さんを見つめながらこう言った。

「舞ちゃんが普通学校で苦しかったのは、舞ちゃんが悪かったんじゃない。学校の環境が悪かったんだよ」

それを聞いて、川端さんは初めて自分の子ども時代を認めることができた気がしたという。

「それまで普通学校で苦しんだのは自分が悪かったからだと思っていたけれど、悪かったのは環境のほうだとようやく思えた。海老原さんと出会って、私は本当のインクルーシブ教育を実現したいと思うようになったんです」

海老原さんと出会った翌年の二〇一八年、川端さんは大学院を中退し、障害当事者として活動していくことを決意する。自室には、そのときほにゃらが送ってくれた一枚の賞状が掲げられている。

退学証書　川端舞殿

あなたは自分自身の決断で勇気をもって筑波大学大学院を退学し

新しい一歩をふみ出したことを賞します

退学&自立生活おめでとう

平成三十年六月十一日　ほにゃら

海老原さんは、課題に懸命に向き合おうとする川端さんのことを、最期まで気にかけてくれていた。亡くなる前月の二〇二一年一一月には、こんなことがあった。

初めてNHK・Eテレの情報バラエティ番組「バリバラ」に出演し、中学時代の介助員とのエピソードを話した川端さんはオンエア前、自身のSNSに、心にしまっていた思いの丈をぶつける投稿をした。公の場で中学時代のことを初めて話したこと、当時、本気で「死にたい」と思ったこと、自分のような経験をする子を二度と出さないよう本当の意味でのインクルーシブな学校を作りたいと思っていること……決意表明ともいえる投稿だった。投稿を目にした海老原さんが、短いコメントを残してくれた。

「舞ちゃん、大好き」

川端さんにとってそれは、宝物のような、何よりうれしい言葉だったという。

当時のことを訊くと、川端さんは本当にうれしそうに声のトーンを上げる。

「海老原さんの言葉で大好きだったのは、『いいことも嫌なことも、自分の人生として引き受けることが権利』というものです。つらいことがあってもいいんだ、いいことも悪いことも、友達と一緒に経験することは権利なんだと、海老原さんは教えてくれたんです。

当時はまだ、私も障害者が普通学校に行くことがいいのかどうか、まだはっきり考えがまとまっていませんでした。自分のことを発表するようになり、いろいろと経験した今なら、もっと深い話ができる気がします」

声を届ける

二〇二二年七月、障害者権利条約の履行状況を審査するための国際会議がスイス・ジュネーブの国連本部で開かれた。この「国連審査」は、すべての条約締結国に課せられるもので、日本政府代表団約三〇人も、障害者権利委員会の委員から直接質問を受けた。

「MED ぐんま 2023」のステージで出演者たちと。左隣が間々田久渚さん

川端さんは、会議の様子を傍聴するため、現地へ向かった。一〇〇人を超える日本の障害当事者と、その支援者らと一緒だ。二人の介助者を連れてスイスへ行くには、相当な費用が必要だ。そこで川端さんはクラウドファンディングを立ち上げて資金を募った。予想を上回る約一四〇万円の支援が集まり、無事三人分の費用を賄うことができた。

会議場には自作のメッセージカードを持参し、委員一人ひとりに手渡した。表面には「私は日本でインクルーシブ教育の権利を推進したいと思っています」のメッセージ、裏面にはその思いの詳細が英文で記されている。カードを受け取った委員たちは、両面にしっかり目を通し、川端さんの目を見て話に耳を傾けたという。

テレビ出演や国連での行動を通して手応えを得た川端さんは、さらに積極的に当事者の声を届けようと、二〇二三年九月、新たな一歩を踏み出した。海老原さんが立ち上げた「東京インクルーシブ教育プロジェクト」の代表に就任したのである。就任初回の総会では、同級生の間田さんとともに学校教育について語り合うシンポジウムを開催した。

「障害者とLGBTはもっと一緒に活動できるし、そうしないともったいないと思うんです。学校では、お互いにつらい思いをしてきました。それは学校が、学校が『普通』とする子どもを中心にできているからです。今の学校は能力主義だし、男子と女子をはっきり分けるのが前提です。障害は障害者やマイノリティ自身の問題ではなく、社会が作り出しているという『社会モデル』を当たり前に教えてもらえていたら、私たちはもっと生活しやすかった。

同じ教室に、いろいろな子どもが自分らしくいられる学校っていいですよね。制度のことや人権のこと、そして二人の経験を今後も話していけたらいいなと思っています」

どんな障害があっても、普通学校に通うのは権利である。川端さんは、そのことを多くの人に伝えることこそが、自分が今後果たすべき役割だと考えている。

「日本では批判されることが多いけど、自分の権利を主張することは大切なことなのだと、私は海老原さんに教えてもらいました。これからは、私が誰かに『あなたには権利があるんだよ』と伝えたいと思っています」

川端さんは子ども時代、自分が生きていくために必要な居場所を作ろうと、懸命にもがいてきた。彼女の周りには、その小さな心に寄り添い、声に耳を傾け、手を差し伸ばしてくれる人はいなかった。いたのかもしれないが、自分の命を守ることに必死だった川端さんには、その存在に気づく余裕はなかった。だが、川端さんの周りには今、その気持ちを理解し、声に耳を傾け、力強く背中を押しながらともに歩んでくれる何人もの仲間や先輩たちがいて、彼女自身、その存在を心強く感じている。

最近では、間々田さんとこう声をかけ合っているのだという。

「一緒に学校や社会を変えていこう」

川端さんのまっすぐな声は、波紋となり、より遠くまで響き渡り始めている。

［注］

＊1……**ハレルワ**　二〇一五年、群馬県初のＬＧＢＴＱ支援団体として前橋市で発足した一般社団法人。当事者の居場所づくりや相談事業、行政や企業と連携した講演等の啓発活動を展開。間々田さんは二代目代表。hareruwa.org

＊2……**NEWSつくば**　茨城県つくば市・土浦市エリアのニュースを配信する地域メディア。二〇一七年、茨城県南地域唯一の地域紙「常陽新聞」の休刊に伴い、元記者と市民らが立ち上げた。川端さんは、コラム「電動車いすから見た景色」を連載中。newstsukuba.jp

＊3……殿岡翼（一九七二〜）　一般社団法人全国障害学生支援センター代表理事。脳性麻痺による障害のため、電動車椅子を使う。立正大学経済学部在学中の一九九五年に「情報誌・障害をもつ人々の現在」を創刊。以来、大学における障害学生受け入れ調査に継続的に取り組んでいる。

＊4……**海老原宏美**（一九七七〜二〇二一）　筋肉が徐々に衰える進行性の難病、脊髄性筋萎縮症Ⅱ型のため、電動車椅子と人工呼吸器を使って自立生活を送りながら、小中高と普通校で学び、東洋英和女学院大学で臨床心理学を専攻。共生社会、インクルーシブな社会の実現のために精力的に活動した。自立生活センター東大和理事長やＤＰＩ日本会議常任委員を務める。ＮＨＫＥテレ「ハートネットＴＶ」等への出演でも知られる。

［参考文献］

川端舞「コラム・電動車いすから見た景色」１〜48、NEWSつくば

野口晃菜、喜多一馬編著『差別のない社会を作るインクルーシブ教育――誰のことばにも同じだけ価値がある』学事出版

一木玲子「国連障害者権利条約一般的意見４号におけるインクルーシブ教育の定義」二〇二二年

一木玲子、長瀬修、和田明著、国民教育文化総合研究所編『分けないから普通学級のない学校――カナダＢＣ州のインクルーシブ教育』アドバンテージサーバー

海老原宏美・海老原けえ子著『［増補新装版］まぁ、空気でも吸って――人と社会：人工呼吸器の風がつなぐもの』現代書館

海老原宏美著『わたしが障害者じゃなくなる日――難病で動けなくてもふつうに生きられる世の中のつくりかた』旬報社

「福祉労働」一七一号、二〇二一年、現代書館

10
パラグアイで見た青空

二〇二三年五月末、東京から直線で約一万八〇〇〇キロメートル、日本から最も遠い場所の一つである南米パラグアイの首都アスンシオンに、僕はいた。五月というのにギラギラとした太陽が照りつける。道路脇には、たわわに実ったオレンジの街路樹が立ち並んでいる。思わずもぎ取って食べたくなるが、どうやら苦い品種らしく、地元の人も手をつけていない。路地に走る亀裂や凸凹、熟れて落ちたオレンジを、斉藤新吾さんは巧みに交わしながら電動車椅子で進んでいく。

つくばでほにゃらを追いかけていたはずの僕が、斉藤さんと地球の反対側、パラグアイにいる。車椅子に乗る重度障害のある人と南米を旅するなんて、以前なら想像もしていなかった。ほにゃらの人たちといると、それがごく自然なことに思えるから不思議だ。「なぜ行くの」と訊けば、「そこに行きたいから」と返ってくる。いつしか僕も、かれらのシンプルな答えをなんの疑問も持たずに飲み込めるようになっていた。

今回の旅の目的は、パラグアイに自立生活を根付かせようと奮闘する現地の当事者たちを励ますこと。斉藤さんの知人で、国際協力機構（JICA）の専門家として現地の障害者を支援する合澤栄美さんが一〇月までアスンシオンで活動していたので、彼女の任期が切れる前に行ってみよう！　と思い立ったのだという。ほにゃら事務局長の斉藤さんに同行するのは、介助者の竜聖人さん、前川湧さん、そして、「記録係」と称して自費で勝手に追いかけた僕の三人。核心に迫ろうとすると、いつも絶妙にはぐらかしてくる斉藤さんの本心を、今度こそ聞こうという魂胆だ。斉藤さんの友人で、自立生活運動を取材する文筆家でイラストレーターの金井真紀さんも現地で合流した。

パラグアイの道路は障害だらけだ。歩道はどこも割れたり崩れたり、樹木の根で盛り上がったりしている。構わず颯爽と車椅子を走らせる斉藤さんに遅れないよう、僕らも歩を進めていく。段差や割れを見つけたら、一人がすかさず日本から持参した携帯式スロープを渡し、他の三人が斉藤さんの重たい車椅子を支える。絶妙なタイミングとチームワークで難所を越えると、斉藤さんは「ウィーン」とモーター音を響かせ、再び前へと進んでいく。市場の雑踏では、現地の人が手を貸してくれることもあった。まるで、次々と現れる敵にチームで挑む、ロールプレイングゲームの主人公になった気分。段差をクリアするたび、みんなの気持ちが盛り上がっていくのがわかる。

日本から中南米へ　広がる自立生活の輪

現地で僕たちを迎えてくれたのは、二〇二一年に設立されたパラグアイの当事者団体「テコサソ」だ。公的な介助制度がないなど、障害者を取り巻く環境が不十分なパラグアイに自立生活を根付かせようと熱心に活動を繰り広げている。パラグアイで自立生活運動が本格的に動き出したのはごく最近、一七年以降のこと。二人の日本人がかかわった。

ここで少し、自立生活をめぐる中南米と日本の関係に触れたい。JICAは、二〇〇八年から毎年、兵庫県西宮市の自立生活センター「メインストリーム協会」[*1]を舞台に、中南米諸国の障害者を対象とした自立生活研修プログラムを実施している。当初は中米四か国から、一一年からはパラグアイを含む南米五か国へ対象国が拡大し、各国から一、二人ずつの当事者とその介助者が訪日し、メインストリーム協会で一か月半の研修に参加してきた。研修を終え、帰国した当事者らが自国でその内容を伝えていったのだ。

中米のコスタリカは、中でも最も成果を上げた中南米諸国のモデルケースである。〇九年に研修に参加したウェンディ・バランテスさんが帰国後、仲間を集めて自立生活センターを立ち上げ、さらに、ラテンアメリカで初となる公費による介助制度を盛り込んだ法律「障害者自立促進法（自立法）」の制定を実現させたのだ。

障害者の暮らしを当事者が主体となって根本から変えたこの活動を現地で支えたのが、メインストリーム協会からコスタリカへ派遣された健常者スタッフの井上武史さんである。パラグアイへは、井上さんがまず一七年に訪れて、日本の自立生活センターやコスタリカでの活動を現地の障害者たちに伝え、その後、障害当事者でメインストリーム協会理事長の廉田俊二さんが自立生活を伝えるセミナーを開催した。テコサソ創設者のスルマ・フェレイラさんは、このセミナーを通して「私たちには自由に生きる権利がある」と勇気づけられたことが、テコサソ立ち上げの原動力になったと振り返っている。

自立生活の醍醐味が詰まった手作り財布

さて、斉藤さんである。斉藤さんの中南米訪問はなんとこれが三度目だという。二〇一四年、ブラジルでワールドカップを観戦したのが最初で、一六年にはコスタリカにできた自立生活センターの視察に参加した。

自立生活の理念が伝わってまもないパラグアイでは、完全な形で自立生活を送っている人は、まだいない。「自立」の考えに出会い、心を揺さぶられた人たちが周囲に伝え、道を切り開こうともがいている最中だ。日本で自立生活センターを立ち上げ、三〇年にわたり自立生活を送る斉藤さんの経験が持つ意味は大きく、現地の人たちは期待と憧れをもって迎えてくれていた。

今回の旅で斉藤さんは、現地の当事者たちと交流するためにあるアイテムを用意していた。それは、ロッテ製菓のロングセラーチョコレート菓子「コアラのマーチ」の段ボールで作った財布である。世界各地を旅し、その土地らしいデザインの段ボールで財布を作っているアーティスト島津冬樹さんの著書『島津冬樹の段ボール財布の作り方』(ブティック社)を参考に、斉藤さん自身が手作りした。斉藤さんは、この本を元に財布を作ったことに、「自立生活の醍醐味が詰まっている」と言う。

「これは、日本で有名なお菓子『コアラのマーチ』のパッケージで作った財布です」

パラグアイ到着から五日目、首都から東に一五〇キロメートルのところにあるまち、コロネル・オビエドで開かれた対話集会で、一〇〇名ほどの現地の障害者やその支援者らに、斉藤さんは財布を手に話し始めた。

「世界中を旅しながら、その国の段ボールを使って財布を作るアーティストがいるという記事を読んで、作ってみました。『自分の気に入った段ボールで作る』というところがかっこいいと思ったんです。これを僕は介助者と一緒に作ったんです」

斉藤さんは、段ボール財布を作った日のことを淡々と語った。その日の介助者に、「段ボールの財布を作りたい」と伝え、一緒に図書館に行って『島津冬樹の段ボール財布の作り方』を借り、実際に財布を作ってみたこと。コアラの絵が目立つ位置にくるように、きれいな形になるようにと試行錯誤の末、作り上げたこと。参加者はみな、財布の珍しさに気を引かれつつも、この話が自立生活とどう関係するのだろうと不思議そうな顔をしている。

「この財布には、僕の自立生活の大切な要素が詰まっていると思っています」

斉藤さんがそう強調すると、会場は静まり返った。

「要素は三つあります。まず一つが、手が使えない僕でも、介助を使ってものを作ることができるということ。二つ目は、誰のためでもなく、自分の興味のまま好きなこと、やりたいことができるということ。介助を使えば、他人がどう思おうと、自分がやりたいと思ったことをやることができるんです。そして三つ目。介助者は、それを仕事としてやってくれるということです。これら三つの要素が全部揃ったからこそ、僕はこの段ボールの財布を作ることができた。これがまさしく、自立生活の醍醐味です」

介助者がいれば、自分が興味を持ったことを誰にも邪魔されずに実行できる。そして、介助が職業になっていれば、それを仕事としてやってもらえる――最初はぽかんとしていた参加者も、食い入るように斉藤さんの次の言葉を待っている。

「ご飯を食べ、風呂に入り、トイレに行く。介助者がいるおかげで、当たり前の日常生活を営めているからこそ、僕は本を探しに図書館に行き、ダンボールで財布を作ることができたんです」

斉藤さんは、なおも力説した。実際には、完成した財布をほにゃらの事務所で見せても、ほとんどのメンバーは興味を示さなかったという。だが斉藤さんにとって重要なのは、他者の価値観に左右されずに自分が良いと思ったことを実行できることのほうだった。

「ややもすると、『なんでそんなもの作ってんの?』『そんなことになんで介助者使ってんの?』と言われます。でも、自立生活センターの介助者だからこそ、『そんなこと』につきあってくれるんです。日本には介助制度はあるけれど、事業所によっては障害者の意思より効率が優先され、『今、これをやりたい』と障害者が言っても、『できません』と言われてしまうことがある。それでは我々は地域で自立生活をすることはできない。自立生活センターの介助者は、当事者がどうすれば障害のない人と同じように地域で自由に生活できるかを考え、本人の自己決定を最優先にしてくれます。なぜなら、障害のある人の生活は介助者のものではなく、その人自身のものだから。僕がこの財布を作れたのは、自立生活センターの介助者と一緒だからです」

そして、こう付け加えた。

「そしてこれは、国連の障害者権利条約で認められている僕らの権利です」

社会資源としての介助制度

この条約については、僕もほにゃらのメンバーから繰り返し聞いてきた。どんな障害があっても差別されず、個人として尊重される社会を築くための世界共通のガイドラインなのだ、と。斉藤さんは、パラグアイも二〇〇八年に批准し、その内容を国内法に反映しているこの条約を引き合いにして、「自立生活」の要となる「介助制度」の意義を説明した。

「障害があるからといって、誰かに決められた様式で生活しなくてはならないわけではない。自分のことを自分で決める権利、自分らしく生活していく権利は誰にも平等にある。その権利を行使するのに必要となるのが、介助制度なのです」

一〇〇人の聴衆の中には、看護学生も多くいた。斉藤さんは、障害のないかれらに向けて、「皆さんも、なんらかの支援を受けながら生活しているんですよ」と語りかけた。

「パラグアイでも、今では生活用水を汲みに行く人は、ほとんどいませんよね？　それは『水道』という社会システムがあるからです」

斉藤さんは、僕たちが常日頃、当たり前に利用している社会サービスを例に挙げ、障害者にとっての社会資源とは何かを浮き彫りにしていく。

「今日、遠くから来た方も、何時間も歩いてきたわけではないでしょう。それは公共交通機関があるからです。みなさんも社会資源を使って生活しているのです。一方で、障害のある人に必要な社会資源はまだ整っていない。皆さんは階段を登れば上の階に行けますが、僕はエレベーターがなければ行けない。それは一〇〇キロ先の目的地に行くために、バスや車が必要になることと同じなんです。だからそれを整えましょう、ということなんですよ」

そう語りかけると、力を込めてこう結んだ。

「障害者と健常者を分けるのは、できるかできないかではなくて、そこに必要な社会資源があるかないかの差なのです」

そうなのだ。僕たちの暮らしは障害の有無にかかわらず、社会資源によって支えられている。学校、病院、ゴミ処理施設、子どもが遊ぶ公園、歩きやすく舗装された道路もそうだ。そしてそれらの多くは税金で作られている。目に見えるもの以外にも、国民年金の約四五パーセント、医療費の約四割は社会保障制度のもと、税金で補われている。税金に支えられなければ生きていけないのは障害者だけではない。この国で暮らすあらゆる人に共通しているのである。

にもかかわらず、健常者を中心に作られたこの社会は、障害のある人にとっての社会資源が極めて乏しい。教育現場での不自由に始まり、外出・移動の制限、物件探しの困難さ……かれらの社会参加を妨げるバリアがいたるところにある。

環境の不備だけではない。制度の不備も、障害のある人の日常を制限してきた。障害の重さにかかわらず、働く意欲に満ちた人は多い。しかし就業中には介助サービスの利用が認められず、介助を必要とする障害者は、長らく働くことができなかった。制度改正（重度障害者等就労支援特別事業）により、就労中の介助派遣が認められるようになったのは二〇二〇年のことだ。

しかし、それだけで問題が解決したわけではない。社会に障害への理解がなければ、職場で差別を受けて傷つき、出勤できなくなる人も出てくるだろう。インフラさえ整備すれば、社会資源が整ったとはいえない。人の内面の変革が同時に求められるのである。

「インクルーシブな社会」の実現が急がれるのは、そのためだ。誰もがバリアを感じず同じ場に共にいられる社会になって初めて、障害のある人にとっての社会資源が整ったといえるのだ。

まずは、話を聞くこと

午後は会場の休憩室で、ハーブとスパイスの効いた牛肉や鶏肉のパイ包み揚げ「エンパナーダ」を囲みながら、現地の当事者グループで活動する五人の男女と対話を続けた。

障害当事者として市役所に勤務しながら活動する男性が、設立したばかりの当事者団体の基盤を固め、活動の幅を広げるため、事業化を検討していると話すと、話題は団体運営をどうビジネス化するかへと移っていった。すると斉藤さんはこう言った。

「当事者団体をビジネスとして運営するという考えと自立生活センターの考え方は、リンクする部分もあるけど、リンクしていないところもあると思うんですよね」

ほにゃらの事業内容を聞いていただけに男性は肩透かしを喰い、二の句が継げない様子だ。斉藤さんは諭すようにこう続けた。

「自立生活センターでは、『介助派遣』をビジネスとしてやっている。でも、それがすべてではありません。最も大切にしているのは、『障害のある人が尊厳を持って生活する』状態を作ること。障害のある人は、生まれたときから否定されてきているから、すごく痛めつけられている。自分のことが嫌いだし、相手は絶対に自分のことを嫌いだと思って生きているんですよ」

障害があることで負う心の傷がある。これは、僕が受けた介助研修でも聞いて、ハッとした言葉である。

さらに斉藤さんは、自立生活の「後輩」たちにもわかるよう、自身の経験を踏まえて「自立生活センターの四つの仕事」「障害のある人同士で話を聞き合うピアカウンセリング（ピアカン）、自立生活プログラムの提供、権利擁護、事業である介助派遣」について穏やかに語った。そして、「一番目が介助派遣ではなくて、ピアカンであることが重要な点」だと力を込めた。

「ピアカンはお金がなくても、オンラインでもできる。『あそこの店、アクセシブルだったよ』といった情報交換から、『こんなことがあって大変だった』とお互いの悩みをぶつけるカウンセリングまでを、『お金をかけずにできる』ってことが重要なんです。

行きたかった店に段差があったから入れなかった、そこで誰も手伝ってくれなくてつらかった、悔しかったというのは、誰もが経験していること。そもそも障害のある人は、いつも否定されています。『あなたにはできないよ』とか『いや、あなたはこうしたほうがいい』とかね。だからこそ、自分の気持ちを話すこと、人の話を聞くことがすごく大事。人は、聞いてもらうだけで気持ちが楽になります。自分一人じゃないと思えて、仲間を作るきっかけにもなる。

日本の団体も、二〇〇三年に支援費制度ができるまでお金はなかったけれど、当事者同士のピアカンを通じた活動は続けていた。団体を立ち上げたら、まずは困っている人、尊厳を傷つけられている人の話をちゃんと聞いてあげることです。きっとかれらは誰にも話を聞いてもらえていないでしょうから」

ピアカウンセリングにはルールがある。一五分話したら一五分聞くなど、時間を対等に分け合い、聞き役／話し役を交代すること。聞いた話は絶対に人には話さないこと。そして、絶対に相手を否定せず、アドバイスをしないこと。

「ピアカウンセリングの根底には、人には自らの課題を自分で解決する力がある、という考えがあります。どんなに時間がかかっても、自分で課題に向き合い解決できれば、傷ついた人も自分を認め、自分を好きになることができる。自らを認められれば自信がつき、他人とも対等な関係を作っていける。この変化こそが、社会を変えていくことになるんですよ」

一人ひとりの内面が変わることで、社会は変わっていく――自立生活運動の目的はそこにあるのだと、斉藤さんは語りかけた。向かい合う五人の顔にも、次第に納得の色が見え始めた。

「声を上げるというのはすごくエネルギーのいること。とても一人ではできません。支えてくれる人が必要だし、『大丈夫だよ』と仲間と言い合うことがすごく大事。自立生活センターのリーダーは、他者に『大丈夫だよ』と言い、他者からも言ってもらえる人であるべきで、頭がいいとか、戦略家である必要は決してないんです」

それを聞いて、歩行器を使う女性が、大きく頷きながら両手を広げ、笑顔でこう叫んだ。

「私も家族や友人に、『大丈夫だよ』っていつも励ましているし、励まされているの。だから、足が悪くても、本当に幸せに毎日を生きているんですよ！」

斉藤さんの顔に笑みがこぼれた。

「日本でも、二、三〇年前までは何の制度もなかった。にもかかわらず、自立生活に挑戦した先輩障害者たちがいた。そのおかげで、少しずつ社会が変わってきたんです。皆さんが行動すれば、必ず社会は変わります。障害があっても地域で生きていける。ぜひ一歩を踏み出してほしいし、大変なときは仲間と力を合わせてほしい。障害者の置かれた状況は世界共通です。だから、僕たちも皆さんと連帯して頑張りたい。お互いに励まし合って実現させましょう」

テーブルには、まだたくさんのエンパナーダが並んでいた。食べ損ねていた僕も、一つ手に取りかぶりつく。肉汁とともに、しっかりした肉の味と香草の香りが口の中に広がっていく。お腹が減っていたのに気がついて、立て続けに二個、腹に押し込んだ。部屋に行き交う明るい日本語とスペイン語を聞きながら、ゆっくりとエンパナーダを飲み込む。頭の中には、日本では聞くことができなかった、斉藤さんの物語の余韻が広がっていた。そこには、幼い頃から「障害者」として生きてきた一人の人間の、苦楽が入り混ざった思いが詰まっていた。

「行動すれば、必ず社会は変わります」――斉藤さんはつくばでもパラグアイでも、同じことを言った。海を超えた場所で暮らす、同じ困難に直面している仲間への力強い励ましであり、障害の有無を超えた人々を包み込む一言だ。

「ほにゃら」を旅してきた僕には、この言葉の後ろにたくさんの人たちの顔が見える。斉藤さんと共につくばに居場所を作り上げてきた、仲間たちの顔だ。その居場所は、障害のある人も、そうでない人も自然に行き交い、互いの手を取り合い、語り合うことができる場所だ。そんな、世界中の人々が目指すまちの形をつくばの片隅に実現させてきたのが、ほにゃらだったのだ。高まる胸を落ち着かせようと窓の外に目をやると、晴れ渡る青空が、どこまでも広がっていた。

［注］

＊1……**メインストリーム協会**　一九八九年設立、兵庫県西宮市の自立生活センター。障害者自らが行政に施策改善を働きかける「西宮市の介助制度を良くする会」の運営、神戸市営地下鉄のバリアフリー教育訓練への協力、地元中学校との交流なども行う。海外の障害者自立生活運動も支援し、アジアでのネットワークを広げている。

あとがき

ほにゃらの人たちをめぐる旅に夢中になり、気がつけば二年の月日が過ぎていた。

天久保周辺では、介助者と一緒に車椅子で颯爽と行き交うメンバーとよくすれ違う。車椅子でも通いやすいよう事務所近くに住む人が多く、天久保一帯がかれらの生活の場になっているからだ。車で信号待ちをしていたら、代表の川島映利奈さんが介助者とおしゃべりしながら歩道をこちらに歩いてきたこともあれば、ショッピングセンターのＡＴＭに並ぶ列に別の当事者メンバーを見つけたこともある。駅の改札ですれ違うとか、地域の青空市や美術館、講演会などのイベント会場でばったり会うのもよくあることだ。外国人住民も多い天久保では、ベビーカーを押すヒジャブ姿の女性と車椅子のメンバーが歩道を譲り合う光景も、珍しくはない。訪れるたびにどこかほっとするのは、多様な人たちが多様なままで、生き生きと暮らしているからだろう。

障害のある人とそうでない人が日常的に交わる環境が天久保にはある。それは、かれらがこのまちで暮らし続けることで実現してきたものだ。「暮らしたい地域で自分らしく生きることは、国連の障害者権利条約で定められた権利である」——この旅の中で、僕が繰り返し耳にしてきた理想が、大都会とはほど遠い、広い空と学生アパートが広がるのどかな天久保で具現化されていたのである。二一世紀の今、ここでは障害のある人たちによって、世界基準の暮らしが営まれている。

一九八〇年生まれの僕は、必要なものはなんでも揃っていて、深く考えなくても「普通」に生活できる程度に組織化された社会に育ったが、そんな「ちゃんとした社会」に居心地の悪さを感じていた。自分の居場所を見つけられず、逃げるようにして訪れた南米にハマったのは、そのせいだと思う。

旅の中で出会い、二〇〜三〇代の多くの時間を過ごしたコロンビアは、極端な格差と不平等な社会のために紛争が頻発する社会だった。自ら動かなければ何も変わらないことを痛いほど知る人々は、仲間たちと力を合わせ、ゴリゴリとパワフルに道を切り拓いていた。日本でぼーっと生きてきていた僕は、かれらの姿に頭を殴られるような衝撃を受け、そこで出会った友人たちとの時間にのめり込んでいく。そして、家族のように接してくれるかれらの日々にカメラを向けることに、いつしか強い生きがいを感じるようになっていった。

初めて斉藤さんや天下井治男さん、松岡功二さんらからほにゃらをめぐる物語を聞いたとき、コロンビアで夢中でシャッターを切ったのと同じ人たちがいることに気づいて、愕然とした。荒れた大地に草木を生やそうと水をやり、ツルハシ一本で道を作るような活動を続けている人たちが、自分の暮らすまちにもいたのである。

高校を卒業する一九九九年まで、つくばには頻繁に足を運んでいた。九〇年代に学生だったほにゃらのメンバーたちとは、世代も近い。僕はかれらと同じ時代を、近しい地域で過ごしてきたことになる。

青森を出てつくばで自立生活を始めた斉藤新吾さんに、施設を出て阿見町に暮らし始めた宮本早苗さん、その周囲で奮闘してきた松岡功二さんや森下直美さん、市内の公民館で激論を交わす尾和忠直さん、そして土浦駅でチラシを配る里内龍史さん……自らの人生を生きようと必死に道を切り拓いていた当時のかれらに、僕はどこかですれ違っていたに違いない。

まるでパラレルワールドに落とされたような気分だった。自分が学生時代に通ったつくばで、本当にこんなことが起きていたのか。どこか遠くの国の物語のようで、現実感を持って受け止めることができなかった。自分の中にある、この記憶の溝をどうしても埋めたい——それも、ほにゃらをめぐる旅を続けた理由の一つだったと思う。

二年におよぶ旅を終えて強く感じるのは、誰もがまちの主人公になれるし、なるべきだということだ。まちにとって必要なこと、最善なことを知るのは、そこに暮らす僕ら自身だ。社会は、力の大きな人だけが作り上げていくものでは決してない。意思を持つ僕ら一人ひとりの歩みが道を作り、その道によってまちは築かれていくし、変化もしていく。

ほにゃらには、障害者の暮らしを支える介助者が、登録アルバイトを含めて六〇人以上所属している。従来、助けられる存在とされてきた重度障害者が雇用者として地域の健常者を支えている。この転換は、自立生活センターであるほにゃらによる社会変革の一つだ。介助者の中には、コロナ禍で仕事をなくした僕のように、将来に悩みを抱える人、社会に居場所を見つけにくい人などさまざまな困りごとを抱えた人もいる。介助者の僕は現場で、障害のある斉藤さんに励まされて仕事を覚え、ときには悩みを打ち明け、明日への元気をもらっている。暮らしを支えられているのは、僕のほうなのだ。

「行動すれば、必ず社会は変わる」。斉藤さんの言葉が力を持つのは、彼自身がその体現者だからだ。天久保のまちのあちこちで、ほにゃらにかかわる人たちが二〇年間練り固めてきた、有形無形の意思の結晶がキラキラと輝いている。

最後になったが、ほにゃらにかかわるすべての皆様に、感謝の気持ちを伝えたい。快く取材に応じ、繰り返しお話を聞かせてくださり、本当にありがとうございました。皆様の言葉に背中を押され、勇気づけられてきました。また、当事者として自立生活運動を支え、地域の歴史を作ってきた里内龍史さん、佐藤美咲子さんには、その生き様に大いに学ばせていただいた。感謝の意を表するとともに、心よりご冥福をお祈りいたします。

この本を作るきっかけを作り、執筆が遅々として進まず、迷える僕にいつも的確なアドバイスをくれたのは、夕書房の髙松夕佳さんだ。つくば出身で、このまちで出版活動をされてきた髙松さんと「まちづくり」をテーマにした本を作れたことに、ご縁と大きな意義を感じる。ありがとうございました。

そして、不安定な日々を送る息子を長年見守ってくれた両親と、一番近くで嫌な顔をせず、力強く背中を押し続けてくれる妻にも、この場を借りて感謝の気持ちを伝えたい。どうもありがとう。

僕は今週も斉藤さんの介助に行くし、イベントがあればカメラを持ってほにゃらに駆けつける。ほにゃらをめぐる僕の旅は、これからも続いていく。

二〇二三年一二月

柴田大輔

	茨城県内・ほにゃらの動き	日本・世界の動き
	条例施行記念パレード（水戸市）	
	宮本早苗さん逝去	
2016年		相模原障害者施設殺傷事件
2017年	ほにゃら15周年記念イベント	ADA27 Lead on! Youth Project
	第1回ほにゃら運動会	
	栗山朋美さん自立生活スタート（つくば市）	
	ほにゃら、4つの福祉政策をつくば市議・市長選挙の候補者に提言	
2018年	「障害×提案=住みよいつくばの会」スタート（つくば市）	
	合理的配慮支援事業補助金制度施行（つくば市）	
	川端舞さん、ほにゃらに本格参加	
2020年	住みよいつくばの会、つくば市議・市長選候補者への公開質問を提出	新型コロナウイルス感染症世界的大流行
	ほにゃら事務所前にカラフルベンチ設置	重度障害者等就労支援特別事業の設置で、介助つき就労が可能に
2021年	桜井憲子さん逝去	
	ほにゃら20周年生花リレー開催	
2022年	里内龍史さん逝去	
	川端舞さん「東京インクルーシブ教育プロジェクト」代表に就任	
2023年	佐藤美咲子さん逝去	

	茨城県内・ほにゃらの動き	日本・世界の動き
	宮本早苗さん自立生活スタート（阿見町・「ASK」）	
2000年	ほにゃら準備会発足	交通バリアフリー法成立
2001年	ASK解散	
	「つくば自立生活センター ほにゃら」設立（代表・斉藤新吾）	
2002年		DPI世界会議・札幌大会
2003年	「ほにゃらキッズ」スタート	支援費制度施行
2005年	筑波技術大学開学（つくば市）	
2006年		障害者権利条約・国連で採択
		障害者自立支援法施行
		国内初の「障害者差別禁止条例」成立（千葉県）
2010年		障害者制度改革推進会議発足
		第1回総合福祉部会開催
2011年	「茨城県に障害のある人の権利条例をつくる会（いばけんつ）」活動スタート	東日本大震災・福島第一原子力発電所事故
	ほにゃら10周年　事務所引っ越し、代表交代（桜井憲子さんから川島映利奈さんへ）	障害者基本法改正
2012年		障害者総合支援法成立
2013年		障害者差別解消法成立（合理的配慮の実現を求める）
2014年		障害者権利条約・日本が批准
2015年	障害のある人もない人も共に歩み幸せに暮らすための茨城県づくり条例（茨城県障害者権利条例）施行	

	茨城県内・ほにゃらの動き	日本・世界の動き
1986年		DPI日本会議結成
		「ヒューマンケア協会」設立（東京都八王子市）
1987年	筑波技術短期大学の設置決定（つくば市）	
1988年	茨城青い芝の会を中心に筑波技術短期大学設置（建設）反対の現地闘争（つくば市）	
1990年		障害を持つアメリカ人法（ADA）制定（米国）
		『生の技法』（藤原書店）刊行
1991年	筋ジストロフィーの男性の自立生活を実現するための学生グループ発足（つくば市）	「全国自立生活センター協議会（JIL）」設立
	宮本早苗さん、天下井治男さんに「施設を出たい」と打ち明ける（水戸市）	
1992年	作業所「まぐろ工房」設立（つくば市）	大阪・兵庫でバリアフリー条例
	「障害者の自立生活を実現する会（実現する会）」発足（つくば市）	
1993年		新田勲氏ら24時間の介護補償を実現
1994年	「波紋の会」発足（つくば市）	
1995年	水戸事件	
1997年	桜井憲子さん自立生活スタート（つくば市・「チーム憲子」）	
1999年	佐藤美咲子さん自立生活スタート（つくば市・「美咲子の会」）	

年表　ほにゃらと日本の障害者運動

	茨城県内・ほにゃらの動き	日本・世界の動き
1957年		「青い芝の会」設立
1961年	「茨城青い芝の会」設立	
	茨城青い芝による筑波山登山	
1963年	コロニー「マハラバ村」ができる（旧・千代田村）	
	筑波研究学園都市建設計画が閣議において了承される	
1968年	東京教育大学の筑波移転反対闘争の激化	
1969年		「青い芝の会神奈川県連合会」発足
		府中療育センター闘争が始まる
1972年	筑波大学発足（旧・桜村）	映画「さようならCP」（原一男監督）の上映運動。青い芝運動が全国各地へ広がる契機に
1973年		「全国青い芝の会総連合会」結成
1976年		「全国障害者解放運動連絡会議（全障連）」結成
1979年		養護学校への就学が義務化される
1981年		国際障害者年
		「障害者インターナショナル（DPI）」結成（カナダ）
1983年		日米障害者自立セミナー（全国数か所）
1984年	里内龍史さん自立生活スタート（土浦市）	

文・写真　柴田 大輔（しばた・だいすけ）

1980年、茨城県生まれ。写真家・ジャーナリスト
写真専門学校を卒業後、フリーランスとして活動。ラテンアメリカ13か国を旅して、多様な風土と人々に強く惹かれる。2006年よりコロンビアに深くかかわり、住民と生活を共にしながら、紛争、難民、先住民族、麻薬などの問題を取材し続けている。その他、ラテンアメリカ諸国、国内では障害福祉、地域社会をテーマに活動する。
www.daisuke-shibata.com

まちで生きる、まちが変わる
つくば自立生活センター ほにゃらの挑戦

Living in the Town, Changing the Town
Stories of Honyara, Center for Independent Living in Tsukuba

2024年2月9日　初版発行

著　者————柴田大輔
監修協力———山口和紀
装幀・組版——山田和寛＋竹尾天輝子（nipponia）
発行者————髙松夕佳
発行所————夕書房
〒305-0035
茨城県つくば市松代3-12-11
電話　090・6563・2762
http://www.sekishobo.com
印刷・製本　株式会社シナノパブリッシングプレス

乱丁・落丁本はお取り替えいたします。
NDC369／272ページ／13×19センチ
ISBN978-4-909179-10-4

Published by Seki Shobo, Tsukuba, 2024
Printed in Japan